中国佛学经典宝藏

89

吴根友 释译

星云大师总监修

人民东方出版传媒
東方出版社

图书在版编目（CIP）数据

法句经 / 吴根友 释译 . —北京：东方出版社，2019.10
（中国佛学经典宝藏）
ISBN 978-7-5060-8547-2

Ⅰ.①法… Ⅱ.①吴… Ⅲ.①佛经 Ⅳ.① B942.1

中国版本图书馆 CIP 数据核字（2015）第 267856 号

本书中文简体字版权由上海大觉文化传播有限公司独家授权出版
中文简体字版专有权属东方出版社

法句经
（FAJUJING）

释 译 者：	吴根友
责任编辑：	王梦楠
出　　版：	东方出版社
发　　行：	人民东方出版传媒有限公司
地　　址：	北京市朝阳区西坝河北里 51 号
邮　　编：	100028
印　　刷：	北京市大兴县新魏印刷厂
版　　次：	2019 年 10 月第 1 版
印　　次：	2019 年 10 月第 1 次印刷
开　　本：	880 毫米 ×1230 毫米　1/32
印　　张：	9.75
字　　数：	165 千字
书　　号：	ISBN 978-7-5060-8547-2
定　　价：	52.00 元

发行电话：（010）85924663　85924644　85924641

版权所有，违者必究
如有印装质量问题，我社负责调换，请拨打电话：（010）85924602　85924603

《中国佛学经典宝藏》
大陆简体字版编审委员会

主任委员：赖永海

委　　员：（以姓氏笔画为序）

　　　　　王月清　王邦维　王志远　王雷泉

　　　　　业露华　许剑秋　吴根友　陈永革

　　　　　徐小跃　龚　隽　彭明哲　葛兆光

　　　　　董　群　程恭让　鲁彼德　温金玉

　　　　　潘少平　潘桂明　魏道儒

总序

星云

自读首楞严,从此不尝人间糟糠味;
认识华严经,方知己是佛法富贵人。

诚然,佛教三藏十二部经有如暗夜之灯炬、苦海之宝筏,为人生带来光明与幸福,古德这首诗偈可说一语道尽行者阅藏慕道、顶戴感恩的心情!可惜佛教经典因为卷帙浩瀚、古文艰涩,常使忙碌的现代人有义理远隔、望而生畏之憾,因此多少年来,我一直想编纂一套白话佛典,以使法雨均沾,普利十方。

一九九一年,这个心愿总算有了眉目。是年,佛光山在中国大陆广州市召开"白话佛经编纂会议",将该套丛书定名为《中国佛教经典宝藏》①。后来几经集思广

---

① 编者注:《中国佛教经典宝藏》丛书,大陆出版时改为《中国佛学经典宝藏》丛书。

益，大家决定其所呈现的风格应该具备下列四项要点：

一、**启发思想**：全套《中国佛教经典宝藏》共计百余册，依大乘、小乘、禅、净、密等性质编号排序，所选经典均具三点特色：

1. 历史意义的深远性
2. 中国文化的影响性
3. 人间佛教的理念性

二、**通顺易懂**：每册书均设有原典、注释、译文等单元，其中文句铺排力求流畅通顺，遣词用字力求深入浅出，期使读者能一目了然，契入妙谛。

三、**文简意赅**：以专章解析每部经的全貌，并且搜罗重要的章句，介绍该经的精神所在，俾使读者对每部经义都能透彻了解，并且免于以偏概全之谬误。

四、**雅俗共赏**：《中国佛教经典宝藏》虽是白话佛典，但亦兼具通俗文艺与学术价值，以达到雅俗共赏、三根普被的效果，所以每册书均以题解、源流、解说等章节，阐述经文的时代背景、影响价值及在佛教历史和思想演变上的地位角色。

兹值佛光山开山三十周年，诸方贤圣齐来庆祝，历经五载、集二百余人心血结晶的百余册《中国佛教经典宝藏》也于此时隆重推出，可谓意义非凡，论其成就，则有四点可与大家共同分享：

一、佛教史上的开创之举：民国以来的白话佛经翻译虽然很多，但都是法师或居士个人的开示讲稿或零星的研究心得，由于缺乏整体性的计划，读者也不易窥探佛法之堂奥。有鉴于此，《中国佛教经典宝藏》丛书突破窠臼，将古来经律论中之重要著作，做有系统的整理，为佛典翻译史写下新页！

二、杰出学者的集体创作：《中国佛教经典宝藏》丛书结合中国大陆北京、南京各地名校的百位教授、学者通力撰稿，其中博士学位者占百分之八十，其他均拥有硕士学位，在当今出版界各种读物中难得一见。

三、两岸佛学的交流互动：《中国佛教经典宝藏》撰述大部分由大陆饱学能文之教授负责，并搜录台湾教界大德和居士们的论著，借此衔接两岸佛学，使有互动的因缘。编审部分则由台湾和大陆学有专精之学者从事，不仅对中国大陆研究佛学风气具有带动启发之作用，对于台海两岸佛学交流更是帮助良多。

四、白话佛典的精华集萃：《中国佛教经典宝藏》将佛典里具有思想性、启发性、教育性、人间性的章节做重点式的集萃整理，有别于坊间一般"照本翻译"的白话佛典，使读者能充分享受"深入经藏，智慧如海"的法喜。

今《中国佛教经典宝藏》付梓在即，吾欣然为之作序,并借此感谢慈惠、依空等人百忙之中,指导编修;吉广舆等人奔走两岸,穿针引线;以及王志远、赖永海等大陆教授的辛勤撰述;刘国香、陈慧剑等台湾学者的周详审核;满济、永应等"宝藏小组"人员的汇编印行。他们的同心协力,使得这项伟大的事业得以不负众望,功竟圆成!

《中国佛教经典宝藏》虽说是大家精心擘划、全力以赴的巨作,但经义深邈,实难尽备;法海浩瀚,亦恐有遗珠之憾;加以时代之动乱,文化之激荡,学者教授于契合佛心,或有差距之处。凡此失漏必然甚多,星云谨以愚诚,祈求诸方大德不吝指正,是所至祷。

一九九六年五月十六日于佛光山

原版序
敲门处处有人应

《中国佛教经典宝藏》是佛光山继《佛光大藏经》之后,推展人间佛教的百册丛书,以将传统《大藏经》精华化、白话化、现代化为宗旨,力求佛经宝藏再现今世,以通俗亲切的面貌,温渥现代人的心灵。

佛光山开山三十年以来,家师星云上人致力推展人间佛教,不遗余力,各种文化、教育事业蓬勃创办,全世界弘法度化之道场应机兴建,蔚为中国现代佛教之新气象。这一套白话精华人藏经,亦是大师弘教传法的深心悲愿之一。从开始构想、擘划到广州会议落实,无不出自大师高瞻远瞩之眼光,从逐年组稿到编辑出版,幸赖大师无限关注支持,乃有这一套现代白话之大藏经问世。

这是一套多层次、多角度、全方位反映传统佛教文化的丛书,取其精华,舍其艰涩,希望既能将《大藏经》

深睿的奥义妙法再现今世，也能为现代人提供学佛求法的方便舟筏。我们祈望《中国佛教经典宝藏》具有四种功用：

一、是传统佛典的精华书

中国佛教典籍汗牛充栋，一套《大藏经》就有九千余卷，穷年皓首都研读不完，无从赈济现代人的枯槁心灵。《宝藏》希望是一滴浓缩的法水，既不失《大藏经》的法味，又能有稍浸即润的方便，所以选择了取精用弘的摘引方式，以舍弃庞杂的枝节。由于执笔学者各有不同的取舍角度，其间难免有所缺失，谨请十方仁者鉴谅。

二、是深入浅出的工具书

现代人离古愈远，愈缺乏解读古籍的能力，往往视《大藏经》为艰涩难懂之天书，明知其中有汪洋浩瀚之生命智慧，亦只能望洋兴叹，欲渡无舟。《宝藏》希望是一艘现代化的舟筏，以通俗浅显的白话文字，提供读者遨游佛法义海的工具。应邀执笔的学者虽然多具佛学素养，但大陆对白话写作之领会角度不同，表达方式与台湾有相当差距，造成编写过程中对深厚佛学素养与流畅白话语言不易兼顾的困扰，两全为难。

三、是学佛入门的指引书

佛教经典有八万四千法门，门门可以深入，门门是无限宽广的证悟途径，可惜缺乏大众化的入门导览，不易寻觅捷径。《宝藏》希望是一支指引方向的路标，协助十方大众深入经藏，从先贤的智慧中汲取养分，成就无上的人生福泽。

四、是解深入密的参考书

佛陀遗教不仅是亚洲人民的精神归依，也是世界众生的心灵宝藏。可惜经文古奥，缺乏现代化传播，一旦庞大经藏沦为学术研究之训诂工具，佛教如何能扎根于民间？如何普济僧俗两众？我们希望《宝藏》是百粒芥子，稍稍显现一些须弥山的法相，使读者由浅入深，略窥三昧法要。各书对经藏之解读诠释角度或有不足，我们开拓白话经藏的心意却是虔诚的，若能引领读者进一步深研三藏教理，则是我们的衷心微愿。

大陆版序一

《中国佛教经典宝藏》是一套对主要佛教经典进行精选、注译、经义阐释、源流梳理、学术价值分析,并把它们翻译成现代白话文的大型佛学丛书,成书于二十世纪九十年代,由台湾佛光文化事业有限公司出版,星云大师担任总监修,由大陆的杜继文、方立天以及台湾的星云大师、圣严法师等两岸百余位知名学者、法师共同编撰完成。十几年来,这套丛书在两岸的学术界和佛教界产生了巨人的影响,刘研究、弘扬作为中国传统义化重要组成部分的佛教文化,推动两岸的文化学术交流发挥了十分重要的作用。

《中国佛学经典宝藏》则是《中国佛教经典宝藏》的简体字修订版。之所以要出版这套丛书,主要基于以下的考虑:

首先,佛教有三藏十二部经、八万四千法门,典籍浩瀚,博大精深,即便是专业研究者,穷其一生之精力,恐也难阅尽所有经典,因此之故,有"精选"之举。

其次,佛教源于印度,汉传佛教的经论多译自梵语;加之,代有译人,版本众多,或随音,或意译,同一经文,往往表述各异。究竟哪一种版本更契合读者根机?哪一个注疏对读者理解经论大意更有助益?编撰者除了标明所依据版本外,对各部经论之版本和注疏源流也进行了系统的梳理。

再次,佛典名相繁复,义理艰深,即便识得其文其字,文字背后的义理,诚非一望便知。为此,注译者特地对诸多冷僻文字和艰涩名相,进行了力所能及的注解和阐析,并把所选经文全部翻译成现代汉语。希望这些注译,能成为修习者得月之手指、渡河之舟楫。

最后,研习经论,旨在借教悟宗、识义得意。为了将其思想义理和现当代价值揭示出来,编撰者对各部经论的篇章品目、思想脉络、义理蕴涵、学术价值等所做的发掘和剖析,真可谓殚精竭虑、苦心孤诣!当然,佛理幽深,欲入其堂奥、得其真义,诚非易事!我们不敢奢求对于各部经论的解读都能鞭辟入里,字字珠玑,但希望能对读者的理解经义有所启迪!

习近平主席最近指出:"佛教产生于古代印度,但传入中国后,经过长期演化,佛教同中国儒家文化和道家文化融合发展，最终形成了具有中国特色的佛教文化，给中国人的宗教信仰、哲学观念、文学艺术、礼仪习俗等留下了深刻影响。"如何去研究、传承和弘扬优秀佛教文化，是摆在我们面前的一个重要课题，人民东方出版传媒有限公司拟对繁体字版的《中国佛教经典宝藏》进行修订，并出版简体字版的《中国佛学经典宝藏》，随喜赞叹，寥寄数语，以叙因缘，是为序。

二〇一六年春于南京大学

大陆版序二

依空

　　身材高大、肤色白皙、擅长军事的亚利安人，在公元前四千五百多年从中亚攻入西北印度，把当地土著征服之后，为了彻底统治这里的人民，建立了牢不可破的种姓制度，创造了无数的神祇，主要有创造神梵天、破坏神湿婆、保护神毗婆奴。人们的祸福由梵天决定，为了取悦梵天大神，需要透过婆罗门来沟通，因为他们是从梵天的口舌之中生出，懂得梵天的语言——繁复深奥的梵文，婆罗门阶级是宗教祭祀师，负责教育，更掌控了神与人之间往来的话语权。四种姓中最重要的是刹帝利，举凡国家的政治、经济、军事、文化等等都由他们实际操作，属贵族阶级，由梵天的胸部生出。吠舍则是士农工商的平民百姓，由梵天的膝盖以上生出。首陀罗则是被踩在梵天脚下的土著。前三者可以轮回，纵然几世轮转都无法脱离原来种姓，称为再生族；首陀罗则连轮回的因缘都没有，为不生族，生生世世为首陀罗，子孙也倒霉跟着宿命，无法改变身份。相对于此，贱民比首陀罗更为卑微、低贱，连四种姓都无法跻身其中，只能从事挑粪、焚化尸体等最卑贱、龌龊的工作。

出身于高贵种姓释迦族的悉达多太子，为了打破种姓制度的桎梏，舍弃既有的优越族姓，主张一切众生皆平等，成正等觉，创立了佛教僧团。为了贯彻佛教的平等思想，佛陀不仅先度首陀罗身份的优婆离出家，后度释迦族的七王子，先入山门为师兄，树立僧团伦理制度。佛陀更严禁弟子们用贵族的语言——梵文宣讲佛法，而以人民容易理解的地方口语来演说法义，这就是巴利文经典的滥觞。佛陀认为真理不应该是属于少数贵族、知识分子的专利或装饰，而应该更贴近普罗大众，属于平民百姓共有共知。原来佛陀早就在推动佛法的普遍化、大众化、白话化的伟大工作。

佛教从西汉哀帝末年传入中国，历经东汉、魏晋南北朝、隋唐的漫长艰巨的译经过程，加上历代各宗派祖师的著作，积累了庞博浩瀚的汉传佛教典籍。这些经论义理深奥隐晦，加以书写的语言文字为千年以前的古汉文，增加现代人阅读的困难，只能望着汗牛充栋的三藏十二部扼腕慨叹，裹足不前。

如何让大众轻松深入佛法大海，直探佛陀本怀？佛光山开山宗长星云大师乃发起编纂《中国佛教经典宝藏》。一九九一年，先在大陆广州召开"白话佛经编纂会议"，订定一百本的经论种类、编写体例、字数等事项，礼聘中国社科院的王志远教授、南京大学的赖永海教授分别为中国大陆北方与南方的总联络人，邀请大陆各大学的佛教学者撰文，后来增加台湾部分的三十二本，是为一百三十二册的《中国佛教经典宝藏精选白话版》，于一九九七年，作为佛光山开山三十周年的献礼，隆重出版。

　　六七年间我个人参与最初的筹划，多次奔波往来于大陆与台湾，小心谨慎带回作者原稿，印刷出版、营销推广。看到它成为佛教徒家中的传家宝藏，有心了解佛学的莘莘学子的入门指南书，为星云大师监修此部宝藏的愿心深感赞叹，既上契佛陀"佛法不舍一众"的慈悲本怀，更下启人间佛教"普世益人"的平等精神。尤其可喜者，欣闻现大陆出版方东方出版社潘少平总裁、彭明哲副总编亲自担纲筹划，组织资深编辑精校精勘；更有旅美企业家鲁彼德先生事业有成之际，秉"十方来，十方去，共成十方事"之襟怀，促成简体字版《中国佛学经典宝藏》的刊行。今付梓在即，是为序，以表随喜祝贺之忱！

二〇一六年元月

目 录

题 解 001

经 典 011

 卷上 013

  1 无常品 013

  2 教学品 019

  3 多闻品 027

  4 笃信品 033

  5 戒慎品 038

  6 惟念品 043

  7 慈仁品 047

  8 言语品 052

  9 双要品 056

  10 放逸品 063

  11 心意品 069

  12 华香品 072

13	暗愚品	078
14	明哲品	084
15	罗汉品	089
16	述千品	093
17	恶行品	097
18	刀杖品	104
19	老耄品	108
20	爱身品	113
21	世俗品	117

卷下 122

22	述佛品	122
23	安宁品	129
24	好喜品	133
25	忿怒品	137
26	尘垢品	144
27	奉持品	150
28	道行品	155
29	广衍品	164
30	地狱品	168
31	象喻品	172
32	爱欲品	178
33	利养品	187

34　沙门品　192

35　梵志品　201

36　泥洹品　211

37　生死品　221

38　道利品　227

39　吉祥品　232

源　流　239

解　说　253

附　录　279

参考书目　283

题解

《法句经》名称及其由来

《法句经》又称《法句集经》《法句集》《法句录》《昙钵经》《昙钵偈》。《法句经》之"法"字,梵语为Dharma,意为"道理",又有规则之意;"句"的梵文为波陀,又作"钵"(Pāda),原意为足迹,后转为"道"和"句"之意。之所以称之为"法句",其大意是讲:此乃佛之所言,是古代圣人足迹所践履之道,可为俗人遵循、效法;其言可以规范后人,故曰"法句"。《法句经序》又把"法句"译为"法言"。

相传,《法句经》是迦叶佛流传下来的。但学术界一般观点皆认为它非一时一人所作,且为早期佛教经典之一。现在流传的《法句经》乃是贵霜王朝时的法救改订过的。

我们选用的是民国二十四年（即公元一九三五年）十月欧阳格施赀重印的版本。该版本参照了秦本、晋本、宋本、丽刻本、巴本等多种版本（文字），对个别字、句作了校订修改，比较通顺易读。我们在翻译、注释的过程中，对极少难注难译字、句，又参照宋碛砂影印本、《中华大藏经》本《法句经》作了些还原，力求文意上下贯通。为了通俗的需要，并把"欧印版本"的注释部分删去了。作为附录，我们又收录了《中华大藏经》中的注释文字，以供读者与方家参阅。

关于《法句经》的起源，梁朝僧祐《名僧录》之七所载的《法句经序》有一个比较可信的交待。该序认为：佛在一生中的说法原有十二部经、四部阿含。在佛灭之后有五部沙门，各自抄采经中四句、六句之偈颂，按照意思进行归类编排，条分为品。各家集抄的分量不同，品目的次序及名称也有出入。依支谦所说，有五百偈、七百偈、九百偈，更多的达到一千偈至一千五百偈。依照吕澂先生的研究，最初的《法句经》是五百偈，二十六品；经法救改订增补，增加到三十三品，及至三十九品，即后来的七百偈和九百偈的《法句经》。

最初传入中国的《法句经》是五百偈，由印度来华的维只难和竺将炎共同翻译。但根据吕澂先生对

《四十二章经》研究的成果，似乎在维只难翻译五百偈之前，有一本译得很糟糕的七百偈在中国流传。因为这一原因，当时佛教经典翻译大家支谦便想重新翻译《法句经》。大约在三国吴·黄武三年（即公元二百二十四年）请竺将炎先译出五百偈，后又请他根据中译本（即七百偈）加以补订，遂成现在比较通行的七百偈本，共七百五十二章（偈），一万四千五百八十字。

《法句经》在流传过程中，形成了两个版本系统，一是巴利文系统，一是梵文系统。巴利文系统的只有二十六品，其开首篇目是《双要品》，其最后一品为《梵志品》[①]。黄忏华先在《法句经谈概》一文中，把巴利文译本与维只难译本作了比较，推断巴利文本的《法句经》更为古老。从汉译《泰国南传大藏经》中之《法句经》（黄谨良译）来看，巴利文系统的《法句经》与我们选用的梵文本系统的《法句经》有相当大的不同，除缺前面八品——《无常》《教学》《多闻》《笃信》《戒慎》《惟念》《慈仁》《言语》品外，还缺后面《利养》《泥洹》《生死》《道利》《吉祥》五品。从巴利文本以《双要品》开篇的事实看，巴本系统更重"心意"的作用；而梵文本以《无常品》开篇，则更符合原始佛教精神。因此很难讲巴本更古老。大约是佛灭后，原始佛教进入部派佛教之时，不同学派的教师根据自己对佛说理解的不同而编纂了两种不同系统的版本。

梵文本系统的《法句经》是经法救改订过的,有三十三品或三十九品两种本子,皆以《无常品》为首篇;三十三品的以《梵志品》为终篇,三十九品的则以《吉祥品》为终篇。不过秦译《出曜经》则为三十四品,亦以《梵志品》为终篇。

在梵文中,《法句经》又叫《嗢陀南集》。嗢陀南是不问自说的意思。在部派佛教的经部学者的譬喻师那里,又称作《忧陀那聚》(Udānavarga),意为"日出";因此,在印度信奉《法句经》的学人又被称为"日出论者";而《法句经》又称《日曜经》。《正藏经》收姚秦·竺佛念译的《出曜经》,即《日曜经》。不过《出曜经》很像譬喻经类的佛经,与《日曜经》形式是否相同,不得而知。但与《法句经》不同,则是显然的。

《法句经》的价值及其历史地位

《法句经》是世界知名的佛教(学)经典,自从公元一八五五年由丹麦人福斯倍尔(Fausbell)刊行了拉丁文对译的巴利文原本以后,先后有英、法、德、俄、意等各种译本;日本有三种合译本,而且还刊印了巴利文、汉文对照本及南北对照的英译合译本。[②]法国人莱维所著《佛经原始诵读》中亦收入了《法句经》。③这是一部具有世界性意义的早期佛典。

《法句经》之所以被世界学者看重，乃是因为它与原始佛教思想接近。尽管该经典是佛灭后若干世纪编纂起来的，但其中的绝大部分偈颂无疑是佛祖所说的，或曰反映佛祖自己的思想。据支谦在重译《法句经》所作的序文来看，该经在印度被视为沙弥或比丘学习佛经的必读启蒙教材，不读此经而学佛经，便被看作是越级躐等；而且，该经也是深入学习佛经的必读经典，不只是一般的通俗启蒙教材。从现今的《法句经》来看，一般不懂佛经之人是读不懂其中的许多深奥句义的。因此，《法句经》既是佛经的蒙学读物，又是深研原始佛教思想的必要经典。

在印度部派佛学阶段，"有部"的一个分支派别"经部"的譬喻师们，在阐扬佛教思想时，开始就是有重点地采用《法句经》的经义作为枢纽，组织自己的学说。他们有的人根据《法句经》的本末次序，去推求说法的缘起和印证，从而成为譬喻师或譬喻者；有的以《法句经》为蓝本去推求义理，从而走上专门议论的道路，变成"论经师"。后来佛教经典中，譬喻类经典如《法句譬喻经》，议论类经典如《大庄严经论》等便是受《法句经》的影响而兴起的。

最受《法句经》影响的是譬喻师。《法句经》重视"四谛",而且又以"一心"贯穿全经,譬喻师们也重视"四谛",并且强调"心为法本",认为心性本净。即使后来的譬喻师学说与部派佛教的上座部"法归分别"学说相差无几,也是得力于《法句经》中的观点。在《法句经·泥洹品》中便有"法归分别"的偈颂句。因此,"经部"佛教晚期学说接近初期大乘佛学的思想,也要归功于《法句经》的影响。

由于修订《法句经》的大德法救本人又是著名的禅师,并曾经著述过禅经,因此,《法句经》对后来的禅学发展又有影响。禅学及后来的禅宗都重视"一心"的作用,并且亦认为"心性本净",这无疑是受到《法句经》的影响。

《法句经》的修订、增补者——法救

《法句经》乃是五部沙门集体创作的宣扬佛教思想的通俗教科书,法救只是它的修订、增补者。关于法救的身世,唐朝玄奘法师译的《阿毗达磨大毗婆沙论》卷第一中有简略介绍,但语焉不详,只是说他集佛所说,编纂《邬拖南颂》。该颂以无常颂开头,立《无常品》,直至梵志颂,立《梵志品》结束。该颂究竟有多少品,并不知晓。

从今人的研究成果看，法救大约生于迦腻色迦王时代，即公元一百二十八年至公元一百七十七年④，相当于汉顺帝永建三年。他是部派佛教有部中的著名"四大家"之一，又是譬喻师的中心人物之一。除《法句经》外，相传他还有解释因缘的著作，其著作的汉译名称是《法句譬喻经》，为晋代法炬所译。相传他还著有一部《论议门论》，而且据说这还是第一部因明著作，现已失传。这一观点乃是西藏学者提出的。另传，他还著有论述《阿毗达磨》的著作，书名或称为《法救论》，但真正具体确切的名称并不知道。

法救在当时就被人尊称为大德，与法救同时齐名的还有世友、妙音、觉天，他们四人被合称为"四评家"，皆归属西方师（即犍陀罗师）。在当时关于"三世"说的争论中，法救的"三世"主张是：按类来分别"三世"，即过去、现在、未来的"法体"是一，只是类不同而已，就像金子制为装饰物或器皿，就赋予以杯、环等不同名字，实际上都是金子。这实际上是从体与用的角度来看本体与现象的关系。这一有关"三世"的思想，在《法句经》中似乎亦有表现，如第三十七品——《生死》第十章论精神与身躯的关系，便是这一"三世"思想的具体印证。他认为精神因不同的身躯而名称各异，其本我之精神是"一"，并没有变化，就像本体之"火"是"一"，随具体燃烧物不同而有烛火、炭火、草火、粪火等名称是一样的。虽然他的"三世"说后来并没有占上风，但也是当时最有说服力的四种学说之一。

法救还是禅经著作史上两大作家之一，其中一位是大先觉军，另一位便是达磨多罗（法救）。由此可见，法救在佛教（学）史上的影响是广泛的。

最后，值得注意的是在印度佛学史上还有一位法救，他是小乘佛教时的人物，注释了犍陀罗系统的《阿毗昙心论》，为统一小乘佛教内部矛盾，抵抗龙树之时大乘佛教（学）做出了一定贡献。

注释：

①②黄忏华《法句经谈概》，《经典研究论集》第一百八十七页，大乘文化出版社，《现代佛教学术丛刊》㉑，一九七八年十一月初版。

③吕澂《印度佛学源流略讲》第十五页，上海人民出版社出版，一九七九年十月第一版。

④逸《四十二章经年代新考》（《〈四十二章经〉与〈牟子理惑论〉考辨》）第六十九页，大乘文化出版社，《现代佛教学术丛刊》⑪，张曼涛主编，一九七八年六月初版。

经典

卷上

1 无常品

原典

卷上

尊者法救撰
吴天竺①沙门维只难等译

无常品②第一 二十有一章

无常品者,寤③欲昏乱,荣命难保,惟道是真。

睡眠解寤④,宜欢喜思⑤,听我所说,撰集⑥佛言。(一)

所行非常,谓兴衰法;夫生辄死⑦,此灭⑧为乐。(二)

譬如陶家，埏埴⑨作器，一切要坏，人命亦然。（三）

如河驶流，往而不返；人命如是，逝者不还。（四）

譬人操杖，行牧食⑩牛；老死⑪犹然，亦养命去。（五）

千百非一，族姓男女，贮聚财产，无不衰丧。（六）

生者日夜，命自攻削，寿之消尽，如𥕄𥐻⑫水。（七）

常者皆尽，高者亦堕；合会有离，生者有死。（八）

众生相克，以丧其命；随行所堕，自受殃福。（九）

老见⑬苦痛，死则意⑭去；乐家缚狱，贪世不断。（十）

咄嗟⑮老至，色变作耄⑯；少时如意，老见蹈藉⑰。（十一）

虽寿百岁，亦死过去；为老所压，病倏至际。（十二）

是日已过，命则随减；如少水鱼，斯有何乐？（十三）

老则色衰，所病自坏；形败腐朽，命终自然。（十四）

是身何用？恒漏臭处；为病所困，有老死患。（十五）

嗜欲自恣，非法是增；不见闻变，寿命无常。（十六）

非有子恃⑱，亦非父兄；为死所迫，无亲可怙⑲。（十七）

昼夜慢惰，老不止淫，有财不施，不受佛言，有此四蔽，为自侵欺。（十八）

非空非海中，非入山石间，无有地方所，脱之不受死。（十九）

是务⑳是吾作，当作令致是；人为此躁扰，履践老死忧。（二十）

知此能自净，如是见生尽；比丘厌魔兵，从生死得度。（二十一）

注释

①**吴天竺**：吴，三国时吴国。天竺，即印度。

②**无常品**：无常，佛教的基本概念，即指现实人世中万事万物的暂时性。品，即相当于现代著作中的"篇"或"章"。

③**寤**：醒着的。这里作动词用，开悟，使人明白。

④**解寤**：醒过来了。

⑤**思**：语尾词，没有实在意义。

⑥**操集**：收集。

⑦**夫生辄死**：全句意谓那生命啊动辄就走向死亡。夫，发语词，没有实在意，相当于"那"。辄，立即、很快。

⑧**灭**：佛教的四谛（苦、集、灭、道）之一。此处即指生命的消亡，烦恼灭尽，故曰灭，又曰涅槃。

⑨**埏埴**：用泥土制作陶器。埏，音 shān，以水和泥曰埏；埴，泥土。

⑩**食**：喂食、喂养。

⑪**老死**：衰老和死亡。此处作名词。

⑫**荣阱**：亦作"荣阱"，又作"荣阱"，意谓井枯长草，即枯井也。荣，盛多；阱，通井。

⑬**见**：通现，展示出、显示出之意。

⑭**意**：意识、知觉，即指对苦痛的意识、知觉。

⑮**咄嗟**：感叹、哀叹。

⑯**耄**：八十岁称耄，有"耄耋之年"的合称。

⑰**蹈藉**：丑陋不堪之意。藉，狼藉错乱。

⑱**恃**：依靠。

⑲**怙**：凭借、依托。

⑳**是务**：这些努力。

译文

无常品大意是讲，欲望使人糊涂，荣誉与生命皆难以持久，只有大道才是永恒的真实。

酣睡人生已醒，应该为之欢喜；请君听我一言，收集佛之所说。（一）

人生在世无常，此谓兴衰法则；那生命动辄走向死亡，然而这正是涅槃之乐！（二）

犹如制陶工人揉泥制作器皿；所有制成的器皿最终都要毁坏，人的生命也是这样。（三）

又如河水奔流，去而不返；人的生命也是这样，死者不能复生。（四）

就像牧人手持牧杖，放牧牛群一般；衰老与死亡也在放牧着生命，静等生命由盛转衰，直至死去。（五）

大千世界纷繁复杂，各色男女，均皆努力地积攒财富，但没有一人逃脱兴衰法则而不死亡。（六）

活着的人夜以继日地戕害生命，直至寿命消损殆尽，如同井水日趋枯干。（七）

所谓的永恒最终都要消亡殆尽，暂时的高坡终久也要坠落夷平；聚会和合总要分离，所有的生命终归死亡。（八）

众人互相攻击，从而丧失性命；人们随顺自己意念行为而自行升降，是祸是福自己承担。（九）

衰老之时痛苦自现，死亡降临则痛苦随之消散；沉溺在家庭的牢笼之中，贪恋之情永世不断。（十）

嗟叹之间衰老即至，颜容衰变已成朽老；人生年少

固然意气奋发，老朽之时容貌狼藉。（十一）

即使寿至百岁，也要死亡腐朽；当人老朽之时，百病纷然积聚。（十二）

健康之日已过，寿命日趋减少；犹如涸辙之鱼，此生又有何乐？（十三）

人老之时容颜枯衰，究其病根在于自我朽坏；形貌残败身体朽老，生命完结自然而然。（十四）

这有形的身躯究竟何用？此乃常常泄漏臭味之处；又有疾病困扰，又有老死的担忧。（十五）

贪欲自恣，非法之行因之日盛；看不清世间变化，看不出生命无常。（十六）

（人生在世）没有儿子可以依靠，没有父兄可以扶持；面对死亡的逼迫，没有任何亲人可以助你一臂之力。（十七）

白天晚上都散漫懒惰，及至老年亦不节制情欲，家有财宝不乐施舍，又不接受佛祖所言，（人生）有此四样缺陷，可谓自己残害自己。（十八）

无论浩渺的太空、空阔的大海，无论幽窅深山的坚硬磐石之中，没有一个地方，能够藏生免死。（十九）

（生命）现象既由我起，就应让它回归死亡的墓地；人们为生死问题烦躁担忧，便是跳进生老病死忧患的圈套。（二十）

知道此层道理自然能获清静，能够做到这样，便可看穿生命的底蕴；比丘所以能战胜魔兵，正是透过生死关口超脱了人世烦恼。（二十一）

2　教学品

原典

教学品第二二十有九章

教学品者，导以所行，释己愚暗，得见道明。

咄起何为寐①？蟒螺蜯蠹②类，隐蔽以不净，迷惑计为身。（一）

焉有被斫疮？心而婴③疾痛。遘④于众厄难，而反为用眠。（二）

思而不放逸，为仁学仁迹；从是无有忧，常念自灭意。（三）

正见⑤学务增，是为世间明；所生福千倍，终不堕恶道。（四）

莫学小道，以信邪见；莫习放荡，令增欲意。（五）

善修法行，学诵莫犯；行道无忧，世世常安。（六）

敏学摄⑥身，常慎思言；是到不死，行灭得安。（七）

非务⑦勿学，是发宜行；已知可念，则漏得灭。（八）

见法利身，夫到善方；知利建行⑧，是谓贤明。（九）

起⑨觉义者，学灭以固；着灭自恣，损而不兴。（十）

是向⑩以强，是学得中；从是解义，宜忆念行。（十一）

学先断母⑪，率君二臣⑫，废诸营从，是上道人。（十二）

学无朋类，不得善友，宁独⑬守善，不与愚偕⑭。（十三）

乐戒⑮学行，奚⑯用伴为？独善无忧，如空野象。（十四）

戒闻俱善，二者孰⑰贤？方戒称闻，宜谛⑱学行。（十五）

学先护戒，关闭必固，施而无受，力行勿卧⑲。（十六）

若人寿百岁，邪学志不善，不如生一日，精进⑳受正法。（十七）

若人寿百岁，奉火修异术，不如须臾敬㉑，事戒者福胜。（十八）

能行说之可,不能勿空语㉒;虚伪无诚信,智者所屏弃。(十九)

学当先求解,观察别是非;受谛应诲彼,慧然㉓不复惑。(二十)

被发㉔学邪道,草衣㉕内贪浊,蒙蒙不识真,如聋听五音。(二十一)

觉能舍三恶,以药消众毒;健夫度生死,如蛇脱故皮。(二十二)

学而多闻,持戒不失,两世㉖见誉,所愿者得。(二十三)

学而寡闻,持戒不完,两世受痛,丧其本愿㉗。(二十四)

夫学有二,常亲多闻,安谛㉘解义,虽困不邪。(二十五)

稊稗㉙害禾,多欲妨学;耘除众恶,成收必多。(二十六)

虑而后言,辞不强梁㉚,法说义说,言而莫违。(二十七)

善学无犯,畏法晓忌;见微知著,诚无后患。(二十八)

远舍罪福,务成梵行㉛;终身自摄,是名善学。(二十九)

注释

①寐：睡着了为寐。

②蜎螺蜯蠹：各种隐于不干净地方的虫子和软体动物。蜎，《辞源》上有蜎蠉，概指牛虻；蠹，隐于本质内的一种小虫；螺蜯，即田螺河蚌之类软体动物，外有硬壳。

③婴：通撄，扰乱。

④遘：遇上。

⑤正见：如实了知世间与出世间之因果，审虑诸法性相有漏、无漏之慧见，为八正道之一、十善之一。

⑥摄：统摄、管束。

⑦非务：不是正当的事情。

⑧建行：即直行。建，立也、直也。

⑨起：开初、初始。

⑩是向：倒装句，向是。承接上文，"朝着这个目标努力"的意思。

⑪断母：制伏其心。母，即指心。见《法句譬喻经》同品。

⑫率君二臣：君，心也；心为人身之主，故曰君。二臣，即善恶之念。见《法句譬喻经》同品。率，统领。

⑬**独**：独处。

⑭**偕**：同行，一道走。

⑮**乐戒**：以戒为乐，是佛教抵制世俗诱惑的手段、方法之一，主要是限制人们有所不行，有所不欲，有所不取的训诫、规定、条文等。

⑯**奚**：疑问代词，为什么。

⑰**孰**：哪一个。

⑱**谛**：真谛、真理。此处作副词，努力地、笃切地。

⑲**卧**：躺下，引申为停止。早期佛教十分注重宗教实践的连续性、持久性。

⑳**精进**：努力地向前迈进。

㉑**敬**：礼敬、虔诚。此处指对待佛教礼敬。

㉒**空语**：谎称。

㉓**慧然**：即指达到慧的境界。某某样子、某某状态曰然。

㉔**被发**：即披发、散开头发。

㉕**草衣**：以草为衣，意指穿得很破。

㉖**两世**：今生、来世。

㉗**本愿**：佛及菩萨在未成正果之前为救众生所发的弘愿。

㉘**安谛**：依照真谛。

㉙**稊稗**：田中之类似禾苗之野草，生命力特强又善

吸收营养。

㉚ **强梁**：强硬、霸悍。《老子》上说，强梁不得好死。

㉛ **梵行**：即清净之行。梵，即古印度语中的"梵摩"的简称，意谓清净。

译文

教学品大意是：指引人们如何行动，消除人们的愚昧昏庸，从而看清真谛的光辉。

什么叫作昏寐不清？即是蝄、螺、蚌、蠹之类，隐身于不净之处，沉迷昏惑全性保身。（一）

何处再有被砍斫致伤的可能？心中烦恼便痛苦不宁。遭遇众人所遭之厄，全部都因昏眠所致。（二）

思想但不放纵无度，行仁之事随仁之迹；如此便可了无心忧，时常咀嚼涅槃的真意。（三）

努力学习正等正见，正等正见乃世间明灯；它将使你得到千倍于常人之福，永远不堕罪恶境域。（四）

不要学习"小道"，从而信仰邪恶之见；不要学习放荡，致使增添欲望意念。（五）

认真修炼佛教的法则，诵读经法莫要杂乱；修道行事便无忧患，世世代代永远平安。（六）

勤于学习统摄身心，时常谨慎所思所言；如此这般

可致不死之境，邪行灭尽人生得安。（七）

不是正当切勿学习，此乃有益正当之思；如若已知何为正当之念，人生烦恼即可散灭。（八）

明白佛法可利身心，这便已经踏上善境；知道增进善的行为，便可称上贤明之人。（九）

开初明白道义之人，习学"灭"道来加固这一知觉能力；努力消除自恣之心，使自恣之心减少殆尽。（十）

这一努力目标可以强固人生之本，这一学习方式能使人中道而行；从此角度理解佛法意蕴，必将使意念、行动合宜适中。（十一）

学道必先制伏其心，然后方可统领善恶之念，废除贪嗔痴恚等世俗之情，这便是上等得道人。（十二）

学道之时，如果未得朋辈之人，又未获得益友之辈，宁愿独处坚守善德，绝不与愚偕居。（十三）

乐于严守佛戒学习道行，哪里还要什么伙伴？独守善德便无忧愁，犹如旷野大象自在无忧。（十四）

戒与闻二者俱善，哪个更好？只有守戒方可使闻见有所着落，应该笃实学戒并且践行。（十五）

学道必先护守"戒"德，关闭心意方可坚固，施福但不要轻意受报，努力践履戒律不要停顿放松。（十六）

假若有人寿至百岁，学习邪道心志不善，不如生命只活一日，聚精会神接受正法。（十七）

假若有人寿至百岁，供奉香火修炼异教邪术，不如片刻礼敬（佛法），坚守戒律之人其福无比。（十八）

能够执行的便说可行，不能执行的切勿空语；虚伪而没有诚信，智者必将抛弃这种德行。（十九）

学道应当先求理解，观察首先要明辨是非；接受了真谛应教诲他人，达到智慧的境界不再陷入迷惑。（二十）

披头散发习学邪道，外着草衣而内藏贪浊，蒙蒙懵懵不识真谛，犹如聋子倾听美妙的音乐。（二十一）

知觉人生大道可舍尘世三恶，以此消去人生众多毒怨；雄健之人超度生死之苦，犹如蛇蜕旧皮愉快轻新。（二十二）

学习佛道而且多闻（佛法），坚持戒律而不犯过之人，今生来世两世见誉，心中所愿皆可有得。（二十三）

学习佛道但孤陋寡闻，持守戒律却又持守不完全之人，今生来世两世受痛，从而丧失本弘誓愿。（二十四）

学习佛道途径有二，常常亲近多闻（佛法）之人，依照真谛解释人生要义，即使偶有困惑但也不会偏邪。（二十五）

（田中）稊稗妨害禾苗生长，太多欲望妨害习学大道；芟除各种恶念，人生收获必丰。（二十六）

反复思考然后再说，说话言辞不要强硬霸道，佛法

与道义之学说，言语之中切莫有违！（二十七）

善于习学大道之人不会违犯任何戒律，（他们）敬畏佛法明晓忌讳；刚见萌芽事态便知成熟之情，谨慎小心没有后患。（二十八）

远离抛舍世俗的罪祸与幸福，努力地完成清净之德行；一生到老自我约束，如此便可谓之善学。（二十九）

3 多闻品

原典

多闻品第三十有九章

多闻品者，亦劝闻学，积闻成圣，自致正觉。

多闻能持固，奉法而垣墙①。精进难逾毁②，从是戒慧成。（一）

多闻令志明，已明智慧增；智则博解义，见义行法安。（二）

多闻能除忧，能以定③为欢；善说甘露④法，自致得泥洹⑤。（三）

闻为知法律⑥，解疑亦见正；从闻舍非法，行到不死处。（四）

为能师现道⑦，解疑令学明；亦兴清净本，能奉持

法藏。(五)

能摄为解义,解则义不穿⑧;受法猗⑨法者,从是疾得安。(六)

若多少有闻,自大以憍人;是如盲执烛,照彼不自明。(七)

夫求爵位财,尊贵升天福,辩决世间悍,斯闻为第一。(八)

帝王聘礼⑩闻,天上天亦然;闻为第一藏,最富衡力强。(九)

智者为闻屈,好道者亦乐;王者尽心事,虽释梵亦然。(十)

仙人尚敬闻,况贵巨富人!是以慧为贵,可礼无过是。(十一)

事⑪日为明故,事父为恩故,事君以力故,闻故事道人。(十二)

人为命事医,欲胜依豪强。法在智慧处,福行世世明。(十三)

察友在为谋,别伴在急时;观妻在房乐⑫,欲知智在说。(十四)

闻能今世利,妻子昆弟友;亦致后世福,积闻成圣智。(十五)

是能散忧恚,亦除不祥衰;欲得安隐吉,当事多闻

者。(十六)

斫创无过忧,射箭无过愚;是壮莫能拔,唯从多闻除。(十七)

盲从是⑬得眼,暗者⑭从得烛;示导世间人,如目将无目。(十八)

是故可舍痴,离慢豪富乐,务学事闻者,是名积聚德。(十九)

注释

①**而垣墙**:即能如垣墙一样坚固。而,能也。

②**逾毁**:喻逾,超越、改变;毁,诋毁、毁谤。

③**定**:入定,心不为万物所惑为定。是佛教排除外界干扰的方法之一。

④**甘露**:甜美的、纯净的,没有尘世污染的露水。喻佛阐说的道理如甘露滋润人干枯的心田。

⑤**泥洹**:即后来译的涅槃,是佛教所设想的最完美的人生境界。

⑥**法律**:佛法戒律。《中华大藏经》收《法句譬喻经》中又写作律法。

⑦**为能师现道**:为,实践;能,可以作为;师,老师;现,宋碛砂本作"见",即显现的意思。

⑧**穿**:穿凿附会。

⑨猗：即是倚靠、顺从之意。

⑩聘礼：聘请礼遇，意即"善待"。

⑪事：奉事、敬奉。

⑫观妻在房乐：此语甚不明其意。依上句意，大约是说考察妻子是否爱丈夫，看她在闺房里是否快乐。中国俗语有"上床夫妻下床客"，意指摆脱社会礼仪束缚的人性本真状态。

⑬从是：从这。是，代指多闻。

⑭暗者：愚蒙之人。

译文

多闻品的大意是：奉劝世人勤学多闻，然后通过多闻达至圣人境界，自然而然地进入正觉。

多闻可以使持戒功夫增强，敬奉佛法则心定如垣墙固守。在佛法方面精进不止，外在的诋毁就难以改变初衷，顺从此道戒慧双成。（一）

多闻可以使志向更加明朗，志向明朗则智慧增加；有了智慧便可广泛地理解佛法精义，洞见了精义履行佛法就更加安稳。（二）

多闻可以消除忧愁，能够以"定"为快乐；并能很好阐释佛法，自己就可进入涅槃的境界。（三）

"闻"的意思是指知晓佛法戒律，解释了疑惑见解

自然归于正道；在"闻"的过程中舍弃非法之念之思，可以进入不死的境地。（四）

实践可以做"老师"使大道意义自然显现，解释了疑惑可以使学习的方向明确；也可以使清净的本性更加明朗，可以奉持佛法之经典要义。（五）

能够统摄诸义便可以说是理解了大道之义，能够理解就可以避免穿凿附会；接受佛法并能依照佛法行事，从此可以迅速地获得心灵的安定。（六）

假若（某人）多多少少亦有所闻，就凭此闻而自高自大，示骄于人；这就好像盲人举烛，徒照别人而自己依然漆黑一片。（七）

那些追求爵位财富，尊贵升天福分的人，要想与世间悍霸之辈区别开来，"闻见"是其第一要紧之事。（八）

帝王礼遇多闻之士，天上之天也是这样；"闻见"是第一等宝藏，它拥有巨大的征服力量。（九）

智慧之人也会被闻见所屈服，好道之人也乐于闻见；人间之王也要努力地奉事（闻见），即使释梵（人帝）也应这样。（十）

神仙之辈尚且礼敬"闻见"，更何况那些大贵巨富之人（理应如此）！这是以智慧为贵的（集中表现），应该礼敬多闻勿要在这方面犯错。（十一）

人们之所以敬畏太阳是因为它能给人带来光明，人们之所以敬重父亲是因为他于自己有恩，人们之所以尊重君主是因为他有强大的武力，人们之所以事奉有道之人是因为他多闻佛法的缘故。（十二）

人们为了保住性命才去敬奉医生，想要获得胜利就必须依附豪强。佛法始终栖身于智慧之处，有福之作为世世代代昌明。（十三）

通过他的谋略考察朋友，在生死危难之时判别友情；由闺房之乐观察妻子素行，欲知智者水准从他言语中可以判断。（十四）

多闻可使今生受益，而且可以泽被妻子、兄弟、朋友；也可以使福传后世，不断地积累"闻见"便可成为圣者与智者。（十五）

多闻可以驱散忧愁愤闷，也可以除去不祥与衰败；如果希望平安、幽静、吉利，应当事奉多闻之人。（十六）

能够砍伤人的无过于忧愁，能够利箭一样穿透人心的无过于愚痴；这些力大无比的世俗力量没有什么东西可以撼动，唯一途径是用多闻佛法驱除（忧和愚）。（十七）

盲人从多闻处获得慧眼，愚蒙的人从多闻处获得明烛；以"多闻"来开导世间之人，仿佛是有眼之人统领

无眼之人。(十八)

（因此，多闻）可以使人舍弃痴愚、远离傲慢富豪之乐，一心一意效法奉事多闻的人，便可以称作是在积聚德行。(十九)

4 笃信品

原典

笃信品第四十有八章

笃信①品者，立道之根，果②于见正，行不回顾。

信惭戒意财，是法雅士誉；斯道明智说③，如是升天世。(一)

愚不修天行，亦不誉布施；信施助善者，从是到彼安。(二)

信者真人长，念法所住安；近者意得上，智寿寿中贤。(三)

信能得道，法致灭度④；从闻得智，所到有明。(四)

信能度渊，摄为船师⑤；精进除苦，慧到彼岸。(五)

士有信行，为圣所誉；乐无为者，一切缚解。(六)

信之与戒，慧意能行；健夫度恚⑥，从是脱

渊。(七)

信使戒诚,亦受智慧;在在⁷能行,处处见养。(八)

比方世利,慧信为明,是财上宝,家产非常。(九)

欲见诸真⁸,乐听讲法;能舍悭垢⁹,此之为信。(十)

信能渡河,其福难夺;能禁止盗,野沙门乐。(十一)

无信不习⁽¹⁰⁾,好剥正言;如拙取水,掘泉扬泥。(十二)

贤夫习智,乐仰清流;如善取水,思令不扰。(十三)

信不染他⁽¹¹⁾,唯贤与人;可好则学,非好则远。(十四)

信为我舆,莫知我载;如大象调⁽¹²⁾,自调最胜。(十五)

信财戒财,惭愧亦财,闻财施财,慧为七财⁽¹³⁾。(十六)

从信守戒,常净观法,慧而利行,奉教不忘。(十七)

生有此财,不问男女,终己不贫,贤者识真。(十八)

注释

①**笃信**：坚定信仰。笃，笃实、坚定；信，信仰。《成唯识论》卷六将信分为三种：（一）信实有，谓于诸法之实事理中得信忍故；（二）信有德，谓于三宝真净之德中得信乐故；（三）信有能，谓于一切世、出世之善中，得信有力能得能成，起希望故。此处泛指信仰佛教真理。

②**果**：最终的目的。

③**说**：通悦。

④**灭度**：即涅槃、圆寂、迁化之意。

⑤**船师**：意为舵手。

⑥**健夫度恚**：现在意思是说，战胜自我是强者。健夫，坚强有力之人；度恚，超越愤怒的情绪干扰。

⑦**在在**：任何地方。

⑧**真**：人生之最高的意义。

⑨**悭垢**：吝啬的毛病、缺点。悭，吝啬；垢，毛病。

⑩**习**：实践。

⑪**不染他**：不染于他的省略语，意即不被他物干扰。

⑫**大象调**：意即调理大象。

⑬**七财**：依上文意，慧是第七种财宝；信、戒、惭、愧、闻、施为六种生财之法宝。

译文

笃信品的大意是说，要从根本的大道入手建立人生之根基，要以获得正见作为人生的正果，这样的人生勇往直前，不再回头瞻顾。

信仰佛法内省自身可以使人戒除任性和贪财，这种修行之法则高尚之人交口称誉；这种修炼之道明智之人喜悦，能够做到（信与惭）便可以进入天界。（一）

愚昧之人不修升天之行，也不称誉布施之行；相信布施之德帮助为善之人，这种行为可以获得人生的平安。（二）

拥有信仰之人真人亦会帮助他，念念以佛法为准其居必然平安；靠近诚实之人意志精进向上，又智且寿之人乃为寿者中的贤明。（三）

信仰佛法可以得道，佛法能使人进入灭境超度世间的烦恼；从多闻之处可以获得智慧，这样无论走到何方均将明达无碍。（四）

信仰佛法可以使凡夫渡过深渊，广统诸义可以成为船上舵手（度人出离苦海）；精进弘道可以消除人生之苦，获得了智慧的凡夫便可到达真如世界的彼岸。（五）

士人能有坚定的信仰，就会受到圣人的赞誉；以"无为"为乐之人，一切人世的束缚都解脱。（六）

信仰佛法坚守佛之戒律，智慧之意就可生发流行；有德之人超脱愤怒的烦扰，从信仰和守戒之处超离世俗的深渊。（七）

信仰使守戒更加诚实，亦可以凭借信仰获得智慧；任何地方（只要信仰）均能行得通，处处可以（信仰）为依托而被他人供养。（八）

以世人求利为譬，智慧与信仰犹明珠，这种精神财富是宝中之宝，拥有此种财宝其家财非同寻常。（九）

要想看到真如境相，就应乐于倾听（高僧大德）宣讲佛法；能够舍弃悭吝和世俗尘垢，这便是（我们所讲的）信仰。（十）

信仰可使人渡过（人世苦难之）河，其拥有的福报他人难以抢夺；能够禁止他人盗取（人生之宝），这便是旷野僧徒拥有的快乐。（十一）

缺乏信仰就不能很好的习学（佛法），常常喜欢剥离中正合道之言；犹如笨拙之人求水，深掘泥土求取泉源。（十二）

贤明之人习学佛法以求智慧，乐于向上亲近清流之人；犹如善于取水之人，思维不因有所获取而扰乱不堪。（十三）

有信仰（之人）不受尘世污垢所染，只是亲近贤明仁德之人；心中以为可以亲近便学习效法，以为不可亲近便就远离不学。（十四）

信仰就是我的大车，没有人知道我将用它装载何物；犹如调理大象（以求载我去远方），不如自我调心最为高明。（十五）

信仰是财宝，守戒是财宝，内省反思也是财宝，闻法是财宝，布施之德是财宝，再加智慧，共是七种财宝。（十六）

从信仰佛法到坚守戒律，常常以清净本心观照世间一切法相，（求得）智慧有益行动，奉持佛之教导永远不忘。（十七）

人生在世能有此种财宝，无论男人女人，终身不会贫困，贤明之人可以识得真如境相。（十八）

5 戒慎品

原典

戒慎品第五+有六章

戒慎品者，授与善道，禁制邪非，后无所悔也。

人而常清，奉律①至终，净修善行，如是戒成。（一）

慧人护戒，福致三宝②；名闻得利，后上天乐。（二）

常见法处，护戒为明，得成真见，辈中吉祥。（三）

持戒者安，令身无恼；夜卧恬淡③，寤则常欢。（四）

修戒布施，作福为福，从是适彼，常到安处。（五）

何终为善？何善安止？何为人宝？何盗不取？（六）

戒终老安，戒善安止，慧为人宝，福盗不取。（七）

比丘立戒，守摄诸根④；食知自节，悟意令应。（八）

以戒降心，守意正定⑤；内学止观⑥，无忘正智⑦。（九）

明哲守戒，内思正智，行道如应⑧，自清除苦。（十）

蠲除⑨诸垢，尽慢⑩勿生，终身求法，勿暂离圣。（十一）

戒定慧解，是当善惟，都已离垢⑪，无祸除有。（十二）

着解⑫则度，余不复生，越诸魔界，如日清明。（十三）

狂惑自恣，己常⑬外避。戒定慧行，求满勿离。（十四）

持戒清净，心不自恣；正智已解，不睹邪部⑭。

（十五）

是往吉处，为无上道，亦舍非道，离诸魔界。（十六）

注释

①**律**：戒律。

②**三宝**：佛、法、僧谓之三宝。

③**恬淡**：安闲宁静。

④**诸根**：即指眼、耳、鼻、舌、身、意等六根。

⑤**正定**：又译作三昧，即将心定于一处或一境的安定状态。

⑥**止观**：止，即止息一切外境与妄念，而贯注于特定之对象；观，因止而获得的智慧。又可称之为"定慧"。

⑦**正智**：契合真理的智慧。

⑧**应**：响应、回应。

⑨**蠲除**：抛弃、抛却。

⑩**尽慢**：极度的散漫、懒惰。

⑪**离垢**：摆脱了缺点。

⑫**着解**：达到了对佛法的理解，即指对佛教所阐释的人生意义的开悟。

⑬**己常**：《中华大藏经》、宋本《法句经》均作"已

常"，据上文意作"已常"，即超越了常规常态。

⑭部：书籍。

译文

戒慎品的大意是：教导授予人们无上善道，禁制人们邪恶非法之心之行，以致后来不生后悔。

凡人若能常保清净（之心），奉持戒律至死不渝，专心致志修炼善德品行，若能如此戒德便成。（一）

智慧之人知道护守戒德，其人生福报可以达至（佛、法、僧）三种境界；声名闻于天下而获得利养，死后亦可升入天界快乐无比。（二）

常以佛法为准决定行止，护守戒德便可明达，可以成就真理正见，这样便是同辈之中吉祥之人。（三）

持守戒律之人平安无患，可使身心免除烦恼；夜晚睡眠恬淡安详，一觉醒来常常身心欢喜。（四）

修持戒德布施财物，广做福事是为来世福报，从此岸到彼岸，常到安住戒之境界。（五）

以什么作为终生追求目标最好？又是什么东西最能使人安心止意？什么东西是人生法宝？什么东西偷盗不去？（六）

持戒终身安住，戒德最能安心止意，智慧乃是人生法宝，个人福报盗劫不去。（七）

比丘树立戒德，是为守护收摄六根；饮食知道节制，使意念开悟与佛法相应。（八）

用戒律降伏妄心，护守意念务使端正安定；增加内养习学止观二法，不要忘却佛之教示。（九）

沙门若能明达睿智坚守戒律，心内思维佛教真理，按道行事如响应声，自然（内心）清净驱除苦恼。（十）

抛弃各种垢染，不要产生惰慢之意，终身奉求佛法（教诲），不要片刻背离善知识。（十一）

戒定慧三学，应当认认真真地思维，如若全部清除了垢染，就能免除祸患破除有执。（十二）

已经理解（戒定慧三学），便可超度尘世苦，其他妄念不复生，又能超越诸天魔界，人生犹如丽日当空清明净阔。（十三）

狂放迷惑自我放纵，就会突破佛法常规表现出奇诡邪僻。佛教给我们的戒定慧三学，是我们寻求完满人生所离不开的法宝。（十四）

持守清净戒行，心意就不会自恣放纵；佛教导的大智慧已经获得，无须再看任何邪教书籍。（十五）

这种清净戒行导人向往善处，乃是至高无上的大道，而且可以使你舍弃各种无道之行，助你超离诸天魔界。（十六）

6　惟念品

原典

惟念品第六+有二章

惟念品者，守微①之始，内思安般，必解道纪②。

出息入息念③，具满谛思维；从初竟④通利，安如佛所说。（一）

是⑤则照世间，如云解月现；起止⑥学思维，坐卧不废忘。（二）

比丘立是念⑦，前利后则好；始得终必胜⑧，誓不睹生死。（三）

若现身所念，六更⑨以为最；比丘常一心，便自知泥洹。（四）

已有是诸念，自身常建行；若其不如是，终不得意行。（五）

是随本行者，如是度爱劳。若能悟意念，知解一心乐，应时等行法，是度生死恼。（六）

比丘悟意行，当令应是念。诸欲生死弃，为能作苦际⑩。（七）

常当听微妙，自觉悟其意；能觉者为贤，终始无所会。（八）

以⑪觉意能应,日夜务学行;当解甘露要,令诸漏⑫得尽。(九)

人人得善利,乃来自归佛;是故当昼夜,常念佛法众。(十)

已知自觉意,是为佛弟子;常当昼夜念,佛与法及僧。(十一)

念身念非常,念戒布施德;空不愿无相⑬,昼夜当念是。(十二)

注释

①微:事物萌芽之初态。

②道纪:即指最高之法则、纲领。

③念:思维、思想,是动词;现代汉语应是思维着、思想着的意思。

④竟:最终、最后。

⑤是:指示代名词,承上文,代指上文修行方法,"出息入息念,具满谛思维"。

⑥起止:走动或是停下,即四威仪中的行住。

⑦念:此处是名词,"想法"的意思。

⑧胜:超越、超离,获得人生的最终解脱。

⑨六更:不知何意,疑为"六根"之转折意。眼、耳、鼻、舌、身、意六种感官或感觉能力,辗转更换,

心神不宁,故为"六更";或曰"六道轮回"。

⑩际:聚积。交汇之处曰"际"。

⑪以:因为。

⑫漏:烦恼,佛教专有名词。在汉语,漏,也是病的一种名称,如痔漏。烦恼是心理病,故译成"漏"。

⑬空不愿无相:此句谓"空不是没有具体可感的形式,而是指不真有,是无常不定"。空,佛教特有名词,意指万物不是真有,是假有,无常不定,故曰"空"。不愿,即不求。无相,亦是专有名词,意为没有具体可感、可把握的形式或结构。

译文

惟念品大意是讲,守戒从细微之处入手,内心思维着入息出息以镇心意,最终必然理解大道之精髓。

一呼一息都坚守意念,保持对真谛长久不离的思维;从始至终必能通达顺利,安适正如佛曾经所说的一样。(一)

这一法则普照世间,仿佛微风拂云明月高悬皎洁;在日常生活行止威仪中学习思维,即使是在跏趺坐或者是在睡卧皆不偏废。(二)

比丘树立了此种意念,今生得益来生得善报;因有所得最终必获超胜,一定不会再睹生死之苦。(三)

假如让身根感觉恣意放纵，眼、耳、鼻、舌、身、意六根必然昌炽；比丘常常保持心志如一，如此便可自我觉知涅槃境界。（四）

假如已经拥有了以上所说的种种明智之念，自身便可以常常保持正德之行；如若不是常持一心，最终都不会获得圆满的人生。（五）

常持一心是根本之法，如此便可超脱爱意劳苦的缠绕。若能开悟意根使之智慧，了悟专心致志的乐趣，随顺自然节律等辅助办法，这样便可超度生与死的烦恼。（六）

比丘开悟了意根，应该使之一心。人生各种欲望以及生死忧患均应抛弃，因为这些都是产生痛苦的根本原因。（七）

应该经常地倾听微妙之佛法，自然能够使自己心意觉解开悟；能够觉悟之人可成贤明之士，一生到老皆与祸患忧愁无缘。（八）

因为觉解开悟之心意能够遵循（佛法妙道），夜以继日务必习学践行；应当觉解甘露般甜美的佛法之精要，以使（人生）各种烦恼消除殆尽。（九）

凡众之辈能获善报，其功归于佛（法教诲）；因此应当昼夜不息，常念佛、法、僧三宝。（十）

已经知晓自己生的痛苦，此乃便是佛门弟子；还

应常常在昼夜之间,思念佛、法、僧三宝为皈依处。(十一)

常念身为假有身,常念守戒布施德;法我两空有幻有,昼夜当以此为念。(十二)

7 慈仁品

原典

慈仁品第七+有九章

慈仁品者,是谓大仁,圣人所履①,德普无量。

为仁不杀,常能摄身;是处不死,所适②无患。(一)

不杀为仁,慎言守心;是处不死,所适无患。(二)

彼乱已整,守以慈仁;见怒能忍,是为梵行。(三)

至诚安徐③,口无粗言;不瞋彼所,是谓梵行。(四)

垂拱④无为,不害众生;无所娆恼⑤,是应梵行。(五)

常以慈哀,净如佛教⑥;知足知止,是度生死。(六)

少欲好学,不惑于利;仁而不犯,世上所称⑦。(七)

仁寿无犯，不兴变快；人为诤[8]扰，慧以嘿安。（八）

普爱贤友，哀加众生；常行慈心，所适者安。（九）

仁儒不邪，安止无忧；上天卫[9]之，智者乐慈。（十）

昼夜念慈，心无克伐[10]；不害众生，是行无仇。（十一）

不慈则杀，违戒言妄[11]；愚不施与，不观众生。（十二）

酒致失志，为放逸行；后堕恶道，无修不真[12]。（十三）

履仁行慈，博爱济众，有十一[13]誉，福常随身。（十四）

卧安觉安，不见恶梦，天护人爱，不毒不兵[14]。（十五）

水火[15]不丧，在所得利，死升梵天，是为十一。（十六）

若念慈心，无量[16]不废，生死渐薄[17]，得利度世。（十七）

仁无乱志，慈最可行；愍伤众生，此福无量[18]。（十八）

假令尽寿命，勤事天下人，象马以祠天⑲，不如行一慈。（十九）

注释

①履：践履、到达。

②适：到也。

③安徐：安静舒缓。

④垂拱：袖手、摆手，引申为不做任何事。

⑤娆恼：即烦恼。娆，音 niǎo，烦扰。

⑥佛教：佛所教导。

⑦称：赞誉。

⑧诤：口角、诤吵。

⑨卫：保护。

⑩克伐：侵扰、干涉。

⑪妄：随便、没有根据。

⑫真：真如本性。

⑬十一：即本品中十四、十五两章所列的十一种好处。

⑭不毒不兵：不遭荼毒，不遭凶祸。

⑮水火：喻危险，激烈的矛盾冲突。

⑯无量：即无量劫、无数次。

⑰渐薄：逐渐地淡化。

⑱无量：此处指无边、不可数、数不清。
⑲祠天：祭祀上苍。

译文

慈仁品大意是讲：大仁之德，圣人以之为实践目标，其功德宏大无法计量。

仁慈之人不杀生灵，常常能够统摄身心；这样可以不遭横死，所到之处皆无祸患。（一）

不杀生灵便是仁慈之人，谨慎所言护守其心；这样永远不遭横死，所到之处皆无祸患。（二）

那种烦乱之心已经整饬，然后再以仁慈之德加以固守；看见令人发怒之事能够忍住不怒，这样便是实践梵行。（三）

至诚之人心灵安定行动和缓，出口言谈了无粗言；不对他人所处之位瞋目以待，这样便可称之为梵行。（四）

仁者垂手治平天下，不去危害众生生命；没有什么可致烦恼，此乃遵循梵行的妙功。（五）

常怀慈悲之心哀悯众生，心灵清净犹如佛之教人；知道满足知道行为的进退，这样便可超越生死的困惑。（六）

减少欲望勤学（佛法），不被眼前利诱所惑；坚持

仁德决不违背,世上之人必然称颂。(七)

仁寿二德均不违背,决不兴起变化之状;人们常被诤论困扰,智慧之人常常嘿嘿无言,平安无诤。(八)

博施仁爱广友贤德,哀悯之心惠加众生;经常行使仁慈之心,所到之处皆能平安。(九)

仁儒之士不会邪佞,心灵安定了无忧愁;上苍将会保佑此辈,智慧之人也乐于接受仁慈之人。(十)

昼夜皆以慈悲为念,心中没有克伐他人他物之念;不去残害众多生灵,这样的心念决无任何仇敌。(十一)

心怀不慈则易杀生,违背戒律其言必妄;愚昧之人从不施与仁慈,也不观照众生之苦。(十二)

饮酒易使心志丧失,做出各种放纵之行;随后即堕入恶道,没有修行决难进入真如之境。(十三)

履行仁慈之德,博爱苍生救济众人(如此行事)将有十一种赞誉,福报亦将永恒地随身。(十四)

(而且)睡下安稳觉后心安,绝对不被噩梦缠绕,上苍护佑凡人爱戴,不遭毒手不遭兵器(残身)。(十五)

水灾火灾不沾身,人生处处皆人吉,死后便可升上梵天,这便是十一种吉符的好处。(十六)

假若能以慈悲为念,无论何种情状皆不废弃(慈悲之念),生死之念渐趋淡薄,(这样便可)获得大利解脱

尘世苦难。（十七）

仁慈之人没有繁乱心志，慈悲情怀最为可行；哀悯同情芸芸众生，这种德福无法计量。（十八）

假如终身如一，勤勤恳恳为天下人谋福利，用大象大马祠祀苍天，皆不如去做一件护生事。（十九）

8　言语品

原典

言语品第八+有二章

言语品者，所以①戒口，发说谈论，当用道理。

恶言骂詈②，憍陵蔑人，兴起是行，疾怨滋生。（一）

逊言③顺辞，尊敬于人，弃给④忍恶，疾怨自灭。（二）

夫士⑤之生，斧在口中；所以斩身，由其恶言。（三）

诤为少利，如掩⑥失财；从彼致诤，令意向恶。（四）

誉恶恶所誉⑦，是二俱为恶；好以口快⑧斗，是后皆无安。（五）

无道堕恶道，自增地狱苦；远愚修忍意，念谛⑨则无犯。（六）

从善得解脱，为恶不得解⑩；善解者为贤，是为脱恶恼。（七）

解自挹损恶⑪，不躁言得中⑫；义说⑬如法说，是言柔软甘。（八）

是以⑭言语者，必使己无患，亦不克⑮众人，是为能善言⑯。（九）

言使意投可，亦令得欢喜，不使至恶意，出言众悉⑰可。（十）

至诚甘露说，如法⑱而无过；谛如义如法，是为近道立⑲。（十一）

说如佛言者，是吉得灭度；为能作法⑳际，是谓言中上。（十二）

注释

①**所以**：其根本目的、目标。

②**骂詈**：大声地责骂、诟骂。

③**逊言**：谦虚地说话。

④**弃给**：《中华大藏经》、宋本《法句经》均作"弃结"。此应作"弃结"，意谓抛弃过结、怨结。

⑤**士**：有文化的人。

⑥**掩**：掩埋、遮盖。财因流通而生财，掩则失财。诤吵就导致相互异隔，不能流通，故上文说诤吵就少利。

⑦**誉恶恶所誉**：赞誉恶人的人与被恶人称誉的人。

⑧**口快**：图得一时嘴巴上的快乐，即是通常所言打嘴巴官司。

⑨**念谛**：以真理作为自己的思维内容。此处真理指佛教的人生观。

⑩**解**：解脱。

⑪**自挹损恶**：此句意谓最大限度地减少恶的意念、行为等。自，自己；挹损，损之又损，或又作抑损。

⑫**得中**：符合正道。

⑬**义说**：符合道义的说法。

⑭**是以**：所以。

⑮**克**：制伏、战胜。

⑯**善言**：会说话、擅长说话。

⑰**悉**：了解、知道、明白。

⑱**如法**：像佛法所要求的一样。

⑲**是为近道立**：是为了接近大道而设立的（标识）。

⑳**作法**：成为榜样。

译文

言语品的大意是阐释戒口的道理，发表言论，应当符合道理，（勿要妄言）。

恶言咒骂大声申斥，气势憍慢凌辱他人，表现如此之行，仇恨怨恨必将由此慢慢生长。（一）

出言谦逊、辞语和顺被人亲，尊敬他人人亦敬，抛弃过结忍住恶气是君子，仇恨怨恨自然熄灭。（二）

那些文士之辈，若有刀斧在其口中；所以常遭杀身之祸，缘由皆是其言恶毒遭祸。（三）

诤论不休必然无益有害，犹如掩埋财物导致财物亏损；因财导致诤论，必使心向恶念倾斜。（四）

称誉恶人之人与被恶人称誉的人，这二者均是恶；喜欢口舌之诤，从此之后均无安宁。（五）

无道之人终将堕入恶道，自己增添地狱之苦；远离愚暗修行忍辱之心，以真谛为念无过犯。（六）

顺从善德要求可以获得解脱，作恶行恶则不能解脱；善于解脱（世俗苦恼）之人乃是贤明之人，这样便可脱离恶道苦恼。（七）

解脱得靠自己尽力地减少恶念恶行，若不急躁则言辞中道；符合道义之言犹法言一样，这种言语柔软甘甜。（八）

所以说话之人，必使自己没有祸患，也不克伐中伤众人，这样便可算是善于说话。（九）

谈话使人颇感投机则可，也可使对方觉得欢喜，切勿使对方产生恶意，所说之话必使众人都能明白首肯。（十）

态度至诚其言美如甘露，按照佛法要求就可避免过错；真谛如同道义如同佛法，都是为了接近"大道"而设立的方便标识。（十一）

说话如能符合佛之所言，这样便会大吉大利进入涅槃境界；因为其言能被当作效法的榜样之故，所以称赞此等言语为言中上等之言。（十二）

9 双要品

|原典|

双要品第九二十有二章

双要品者，两两相明，善恶有对，举义不单。

心①为法本，心尊心使②；中心念恶，即言即行；罪苦自追，车轹③于辙。（一）

心为法本，心尊心使；中心念善，即言即行；福乐自追，如影随形。（二）

随乱意行，拘愚④入冥；自大无法，何解善言？（三）

随正意行，开解清明；不为妒嫉，憨达⑤善言。（四）

愠⑥于怨者，未尝无怨；不愠自除，是道可宗。（五）

不好责彼，务自省身；如有知此，永灭无患。（六）

行见身净，不摄诸根，饮食不节，慢堕怯弱，为邪所制，如风靡草⑦。（七）

观身不净，能摄诸根，食知节度，常乐精进，不为邪动，如风大山⑧。（八）

不吐毒态，欲心驰骋；未能自调，不应法衣⑨。（九）

能吐毒态，戒意安静；降心已调，此应法衣。（十）

以真为伪，以伪为真，是为邪计，不得真利。（十一）

知真为真，见伪知伪，是为正计，必得真利。（十二）

盖屋不密，天雨则漏；意不惟⑩行，淫泆为穿⑪。（十三）

盖屋善密，雨则不漏；摄意惟行，淫泆不生。（十四）

鄙夫染人[12]，如近臭物；渐迷[13]习非，不觉成恶。（十五）

贤夫染人，如附香熏；进智[14]习善，行成洁芳。（十六）

造忧后忧，行恶两忧[15]；彼忧惟惧，见罪心懅[16]。（十七）

造喜后喜，行善两喜；彼喜惟欢，见福心安。（十八）

今悔后悔，为恶两悔；厥[17]为自殃，受罪热恼[18]。（十九）

今欢后欢，为善两欢；厥为自祐，受福悦豫[19]。（二十）

巧言多求，放荡无戒，怀淫怒痴，不惟[20]止观，聚如群牛，非佛弟子。（二十一）

时言[21]少求，行道如法，除淫怒痴，觉正意解，见对不起[22]，是佛弟子。（二十二）

注释

①**心**：古人把心看作是思维的器官，进而引申为思维本身。现代语言中与之相通的便是识。

②**心尊心使**：心为至尊，犹如君率臣而统领六识。心为使动者、创造者。

③**车轹**：火车碾过。轹，车轮走动。

④**拘愚**：局限于愚昧。

⑤**憨达**：即敏达，快捷地理解、明了。

⑥**愠**：怒也。

⑦**靡草**：使草靡。靡，倒下。

⑧**如风大山**：风，名词当动词用，风吹。

⑨**不应法衣**：即是说与身上的袈裟不相配。应，适合、相称。

⑩**惟**：只、仅仅，引申为与某某一致。

⑪**为穿**：被某某所穿透。

⑫**染人**：影响他人。

⑬**渐迷**：长时间地在不知不觉中陷于迷惑。

⑭**进智**：增进智慧。

⑮**行恶两忧**：作恶之人今生来世都有忧愁，故曰两忧。

⑯**懅**：音 jù，羞愧、恐慌。

⑰**厥**：其，指示代词，代上文为恶这件事。

⑱**热恼**：即烦恼。烦恼生燥发热，故曰热恼。

⑲**悦豫**：即愉悦。

⑳**惟**：谨守，一心一意追求。

㉑**时言**：说话适时，时机恰当。

㉒**见对不起**：见对，看到相异的、矛盾的一方；不起，不动心。

译文

双要品大意是讲：每两偈构成对比义，相互发明，善与恶相对，说善必举恶，例举义理从不孤单（以求在对比之中更能明确揭示出其本意）。

心是万法之本，心为六识的前导统率，心为主使造作；心若想着恶事恶行，或溢于言或现于行；罪恶与苦恼将自行追来，（心中有恶）犹如大车行过之处必留车辙。（一）

心为万法之本，心为六识的前导统率，心为主使造作；心若想着善事善行，或溢于言或现于行；福报与快乐将自行追来，犹如投影伴随身形。（二）

顺随昏乱之意行事，（必将）局限于愚昧之中进入昏冥之境；自傲自大不依佛法，哪里能够理解美善之言？（三）

随顺正意行事，开悟知解清净明达；不做妒嫉之事，敏捷通达美善之言。（四）

对于抱怨之人倍感气愤，（气愤之人心中）未尝没有怨恨；不对别人的埋怨感到气愤，其埋怨自行消除，这一基本的做人法则可以效法。（五）

不要喜欢责备他人，务必努力自省其身；假若有人明白此理，永永远远熄灭（怨恨）没有祸患。（六）

（意念）行为之中只看到根身的清净之处，不去管束六根，不知节制自己的饮食，散漫堕落且又怯弱，又被邪欲牵制，（此种人生）犹如大风偃压野草（毫无自立品格）。（七）

（若能）反观根身的不净之本质，管束各种根性，饮食自知节制，常常乐于上进，不被邪欲撼动，（此种人生）犹如风吹大山，纹丝不动（岿然自立）。（八）

不能除灭心中浊秽，欲望之意在心中驰骋奔腾；不能自我调控，就不该身着袈裟。（九）

能够除灭心中浊秽，善守戒律能令心安静；降伏了（骚动）心灵已经可以自我调控，如此这般方能身着袈裟。（十）

把真当作假，把假当作真，此乃邪僻之计，不会获得真利。（十一）

知道真是真，看出假是假，此乃正见，必能获得实利。（十二）

建造房子不周密，天一下雨必漏水；心不思正道，淫泆意识必放纵。（十三）

建造房子完美周密，天雨连绵亦不漏水；守心思正道，淫泆意识不产生。（十四）

与鄙陋之人结交，犹如靠近腐臭之物；渐渐沉迷学习非法，不知不觉养成恶习。（十五）

与贤明之人结交，仿佛靠近香气受熏；增进智慧学习善道，渐渐养成芳馨之品德。（十六）

制造忧因必受忧果，作恶之人今生来世两世忧愁；造忧之人心常恐惧，罪报来时心慌意乱。（十七）

善种喜因必享喜果，行善之人今生来世两世欢喜；此等喜乐事令人多欢畅，福报来临心安泰。（十八）

今生种悔因，来生结悔果，作恶之人今生来世两世后悔；此种行径名曰自我造孽，承受罪报之时心灵燥热难当。（十九）

今生种欢因，来生享欢果，为人行善事，今生来世两世皆畅欢；善人行善自保佑，福报来时心欢喜。（二十）

巧言佞舌又多欲求，放荡（心志）了无戒德，胸怀淫荡、恚怒、贪痴，不以止观二法（管束心意），（时常）聚在一起犹如无知之群牛，（这等之人）不是佛门弟子。（二十一）

说话适时极少欲求，修行正道践履佛法，除去淫荡、恚怒、贪痴，知觉端正心意开解（于佛法），看到对象（之人之物），不趋前去（聚在一起），（此等之人）乃为佛门弟子。（二十二）

10 放逸品

原典

放逸品第十 有二十章

放逸品者，引律戒情，防邪捡失，以道劝贤。

戒为甘露道，放逸为死径①；不贪则不死，失道为自丧。（一）

慧智守道胜，终不为放逸；不贪致欢喜，从是得道乐。（二）

常当惟念道，自强守正行；健者得度世②，吉祥无有上。（三）

正念常兴起，行净恶易灭；自制以法③寿，不犯善名增。（四）

发行不放逸，约己自调心；慧能作锭④明，不返冥渊⑤中。（五）

愚人意难解，贪乱好诤讼；上智当重慎，护斯为宝尊。（六）

莫贪莫好诤，亦莫嗜欲乐，思心不放逸，可以获大安。（七）

放逸如自禁，能却之为贤。已升智慧阁，去危为即安。明智观于愚，譬如山与地⑥。（八）

居乱而身正，彼为独觉悟；是力过师子⁷，弃恶为大智。（九）

睡眠重若山，痴冥为所蔽；安卧不计苦⁸，是以常受胎⁹。（十）

不为时⑩自恣，能制漏得尽；自恣魔得便，如师子搏⑪鹿。（十一）

能不自恣者，是为戒比丘；彼思正净者，常当自护心。（十二）

比丘谨慎乐，放逸多忧愆⑫，变诤⑬小致大，积恶入火焚。（十三）

守戒福致善，犯戒有惧心；能断三界漏⑭，此乃近泥洹。（十四）

若前放逸，后能自禁；是照⑮世间，念定其宜。（十五）

过失为恶，追复以善；是照世间，念善其宜。（十六）

少壮舍家，盛修佛教；是照世间，如月云消。（十七）

人前为恶，后止不犯；是照世间，如月云消。（十八）

生不施恼，死时不戚⑯。是见道悍⑰，应中勿忧。（十九）

断浊黑法，学惟清白。度渊不反[18]，弃猗行止，不复染乐，欲断无忧。（二十）

注释

① **死径**：通向死亡之道。

② **度世**：了脱世俗此岸迷惑。

③ **自制以法**：以佛法自制。自制，自我约束。

④ **锭**：亦作定，即入定状态。

⑤ **冥渊**：地狱中的深渊。

⑥ **山与地**：高山与平地之区别。高山可以远望，平地则视线易被遮蔽。

⑦ **师子**：即狮子，凶猛有力之兽。

⑧ **不计苦**：不考虑人间之苦恼。

⑨ **受胎**：即轮回。

⑩ **时**：此处指机遇、机会。

⑪ **搏**：抓捕。

⑫ **愆**：过失。

⑬ **变诤**：即诤改变。

⑭ **三界漏**：即欲界、色界、无色界的烦恼。欲界是指为食色二欲困扰的众生界；色界是指脱离粗俗欲望享受精妙境相的众生界；无色界是指只享受精神之妙的众生态。

⑮照：知晓、告知。

⑯戚：忧愁。

⑰悍：强力。

⑱不反：即不返。

译文

放逸品大意是讲：（人）要引用戒律自我约束情感，防止邪僻检点过失，要用大道规劝世人上进为贤。

持戒是通向甘露法味的人生修行法则，放逸是通向死亡的人生小路；（心）不贪婪则不夭亡而死，背离大道便是自取灭亡。（一）

用智慧固守大道终会胜人一等，终身不会放纵（做出出格之事）；（心）不贪婪可以获得欢快喜悦，从这些戒言里可以获得"道"的乐趣。（二）

经常以道充实（心）念，自强不息固守正道；刚健之人得以了脱世俗之苦，人世的吉祥再也没有超过守道刚健之人。（三）

正念常常兴发盎然，行为净洁恶念自然易灭；用佛法自我控制极易获得长寿，不犯（戒律）美好名声自然日增。（四）

意念发行从不放纵，约束自己调节心念；（如此这般）智慧生发禅定心念亦如镜明，不再轮回地狱深

渊。(五)

愚昧之人心意难以悟解(佛法),贪婪昏乱喜好与人诤讼;上智之人应当(意)重如山慎守心意,并将澄明心意视为宝中之宝。(六)

不要贪婪不要喜欢与人诤讼,也不要嗜好各种欲望与(世俗)快乐,思念之心从不放逸,如此可以获得大安乐。(七)

自我约束,排除了放逸即可成为贤者。若已登上智慧的高楼,便可免除烦恼趋向平安。明智之人俯视愚昧之辈,犹如高山巍巍雄视洼地之平。(八)

生于放逸人中而不放逸,如此之辈乃为独觉(指声闻)之人;此等之人力过狮子,抛弃恶念便为大智之人。(九)

睡眠沉酣如山之稳,其人之蔽乃在痴愚不明;高枕无忧从不思考人世之苦,因此常常堕入轮回之中。(十)

不因躬逢放逸之机遇而逢场作戏,便能制伏烦恼以至殆尽;自我放任魔力便得乘机而入,(此时)犹如狮子捕鹿总是趁其(心念)无防之时。(十一)

能够克制自我略无放纵之人,此乃便是守戒而修比丘(之行);那些思念端正心意净洁之人,亦应常常自护其心(免遭扰动)。(十二)

比丘面对快乐十分谨慎,放纵之人多生忧愁与过

失；致使诤讼由小变大，犹如积恶成报如入火场自焚。（十三）

坚守戒律其福可以达致善的境界，违犯戒律其人心中必忧；能够斩断"三界"的烦恼，这样便已接近涅槃（之境）。（十四）

假如先前放逸，后来自我控制；过而能改如明镜，日后继续修禅定。（十五）

过失便是恶，应该用善行消融；重新做人如镜复明，行善利己兼利人。（十六）

少壮之时舍弃家庭，虔诚修炼佛之教诲；这种行为昭示世间，犹如云散见明月。（十七）

假若有人先前作恶，后来（醒悟）停止恶行不再重犯；这种行为昭示世间，犹如云散见明月。（十八）

活着的时候不向他人施加烦恼，临死之时便不会产生悲戚；这乃显现了"大道"的威力，应该怎么样的便无须忧愁。（十九）

斩断与污浊不明邪法的联系，习学（大道）一心只向清净洁白（之法靠拢）。渡过了（世俗欲望的）深渊不再返回，抛开了偏邪不正的品行就会方严端正，不会再去熏染世俗的快乐，斩断了欲望（之根）人生便无忧患。（二十）

11　心意品

原典

心意品第十一十有二章

心意品者，说意精神，虽空无形，造作无竭。

意使作㺃①，难护难禁；慧正其本，其明乃大。（一）

轻躁难持，唯欲是从；制意为善，自调则宁。（二）

意微难见，随欲而行；慧常自护，能守即安。（三）

独行远逝，寝藏无形；损意近道，魔系②乃解。（四）

心无住息③，亦不知法；迷于世事，无有正智。（五）

念无适止，不绝无边；福能遏④恶，观者⑤为贤。（六）

佛说心法，虽微非真；当觉逸意，莫随放心⑥。（七）

见法最安，所愿得成；慧护微意，断苦因缘⑦。（八）

有身不久，皆当归土；形坏神去，寄住⑧何贪？（九）

心豫⑨造处，往来无端；念多邪僻，自为招患。（十）

是意自造，非父母为；可勉⑩向正，为福勿回。（十一）

藏六如龟⑪，防意如城；慧与魔战，胜则无患。（十二）

注释

①猖：通狂，变化无常之意。

②魔系：魔力犹如绳索，牵引人的意志，故曰魔系。

③住息：停止。

④遏：止、阻止。

⑤观者：看清福能止恶之人，承上文。

⑥放心：放逸之心、失去规约之心。

⑦因缘：事物或事件产生的原因和条件。因，原因；缘，缘起。

⑧寄住：佛教把现世看作是无常界，只有彼岸永恒，故人生在世便被佛教看作是"寄住"。

⑨豫：通预，事先设想。

⑩勉：努力。

⑪藏六如龟：六，指人的眼、耳、鼻、舌、身、意六根，这六根是引起灾祸的根源，故要深藏不露，如龟缩头在壳，外物无所伤害。

译文

心意品的大意是讲：人的意识精神虽然空洞而无可感的形相，但其创造力用之不尽，取之不竭。

意识的流变瞬息万状，难以护守难以禁持；只有智

慧端正其根其本，（如是）意识的本初光辉便可大放光明。（一）

轻佻浮躁难以持戒，就会随顺欲望的驱使、操纵；制伏自己的（流动）意识便是善，自我调节心意则可以安宁。（二）

意识微妙难以窥见，它常追随欲望行动；智慧之人常常可以自护其心，能够坚守戒律即是安乐。（三）

（意识这种东西）独自行走远方，躲藏起来无影无踪；减少意识（干扰）便可接近大道，魔力的绳缚便可解脱。（四）

心（意）从无停息之时，也不知道佛法（的精义）；沉迷于世俗的事务之中，将会缺少智慧。（五）

（心）念从无停留处所，连绵不断无边无际；福气可以遏止恶（念），明白此理之人便可成为贤人。（六）

佛认为心这一东西，即使微妙难测但不是"真实相"；应当时时警觉放逸之意，切莫随顺放（荡）的心（灵）。（七）

（能够）看到佛法（精义）最为平安，其所想要的终会有成；智慧可以守护微妙难测之意识，斩断尘世之苦的各种因缘。（八）

现世存有之身皆难永久，都会相继命归黄泉；形体坏死神识远离，暂时寄住（之生命）何值贪恋？（九）

心（念）预设创造的各种虚相，来来往往浑无端涯；（意）念太多又且邪恶偏僻，（必将）自我招来祸患。（十）

这种意念（是）自我创造（的），绝非父母所生；芸芸众生自可努力朝向正途，修炼福（分）绝不回头。（十一）

深藏六根犹如灵龟缩头，谨防（无端）意识犹如固守城（门）；智慧与魔力交战，（若能）战胜（魔力）则人生没有祸患。（十二）

12 华香品

原典

华香品第十二 +有七章

华香品者，明①学当行，因华见实，使伪反真。

孰能择地，舍鉴②取天？谁说法句，如择善华③？（一）

学者择地，舍鉴取天；善说法句，能采德华。（二）

知世坏喻，幻法忽有④；断魔华敷，不睹生死。（三）

见身如沫,幻法自然;断魔华敷,不睹生死。(四)

身病则痿⑤,若华零落;死命来至,如水湍聚⑥。(五)

贪欲无厌⑦,消散人念;邪致之财,为自侵欺。(六)

如蜂集华,不娆⑧色香;但取味去,仁入聚然⑨。(七)

不务观彼⑩,作⑪与不作;常自省身,知正不正。(八)

如可意⑫华,色好无香;吾语如是,不行无得。(九)

如可意华,色美且香;吾语有行,必得其福。(十)

多作宝华⑬,结步⑭摇绮;广积德者,所生转好。(十一)

琦草⑮芳华,不逆风熏;近道敷开,德人逼香⑯。(十二)

栴檀多香,青莲芳华;虽曰是真⑰,不如戒香。(十三)

华香气微,不可谓真;持戒之香,到天殊胜。(十四)

戒具⑱成就,行无放逸,定意度脱,长离魔道。

（十五）

如作⑲田沟,近于大道;中生莲华,香洁可意。
（十六）

有生死然,凡夫处边⑳;慧者乐出,为佛弟子。
（十七）

注释

①**明**：阐明。

②**鉴**：通"镜"字,即人为之镜。此镜虽可照形,但不能使人真正明白人生之价值。

③**善华**：善之外在表征。

④**幻法忽有**：幻法,虚幻不真的万事万物；忽有,短暂的存有。

⑤**痿**：通萎,枯萎、萎缩之意。

⑥**湍聚**：急聚。湍,水急流的样子。

⑦**无厌**：不满足。

⑧**不娆**：不扰乱某物。娆,扰乱。

⑨**然**：像某某一样。

⑩**彼**：代名词"华"。

⑪**作**：兴起、产生。

⑫**可意**：中意、非常令人满意。

⑬**多作宝华**：此句乃譬喻也。作者把人行善的道德实践行为，看作是抽象的本体之善之德的华表。宝，可珍贵之意也。

⑭**结步**：每走一步。

⑮**琦草**：珍奇之芳草。

⑯**逼香**：《中华大藏经》、宋本《法句经》均作遍香。

⑰**真**：此处从俗谛角度看虽然是"真实"的，但不是真谛之永恒之"真"。

⑱**戒具**：守戒的功夫。相对于佛教追求涅槃的人生境界而言，"守戒"只能是一种工具性手段，故曰"戒具"。

⑲**作**：挖。

⑳**边**：两边、边缘。承上文，意指凡夫总是处贪生或怕死的两边，不得生死之超脱意，不能跳出生死的局限。

译文

华香品大意是讲：明白了所学的（内容）就应当（亲身）实践，顺着植物之花可以窥见未来之果，（要）从万法的假相之中透视到事物的本质。

谁能如实了解居住之地，舍弃镜子而以天为镜？谁

能阐扬佛法真义（三十七道品），犹如采择善（德）华表？（一）

习学（佛法）之人能够如实了解居住之地，舍弃（世俗）之镜而以天为镜；善于阐扬佛法真义之人，能够采择善德之华表。（二）

知晓尘世（万象）终久必将坏死的种种说明，变幻不定的万物皆是短暂的存有；能够舍弃铺天魔华的诱惑，此等之人不坠生死轮回之道。（三）

洞见色身犹如泡沫起灭，万法变幻无常皆属自然；并能舍弃铺地魔华的诱惑，此等之人不坠生死轮回之道。（四）

身体有病则将萎缩，犹如花朵凋谢零落；死神降临之时，犹如急湍水流迅猛而至（猝不及防）。（五）

贪婪的欲望从无满足之时，（它）还不断地消散人们心中（向善）之念；用不正当的手段招致的财富，便是自我攻伐自我欺骗。（六）

要像蜜蜂采花，不损色美和香味；只是汲取花中之味，仁德之人进入人群之中也是这样，仅仅汲取人生真义而不扰乱众人。（七）

不要竭力地观察他人的过失，不管他作恶与否；（但应）常常地自我反省其身，知晓正（道）与邪（道）之间的区别。（八）

就像（某种）令人愉悦的花朵一样，其颜色美好但无香味；我所说的话亦如此种色美无香的花朵一样，（如若）不是亲身去实践此等（美德）之言将一无所获，（徒见美辞）。（九）

就像（某种）令人愉悦的花朵一样，颜色美好且有香味；（如若）按照我所说的话去实践（而不停留在对表面言辞的观赏上面），必然获得践履美善之言的福报。（十）

多做一些美如花朵的善事，每行一步（善德之华）摇曳生姿；广泛地积聚善德之人，其生命前途必将转向善境。（十一）

美丽之草芬芳之花，不会逆风播散香气；按照道的真义修行，善德之花遍地铺开，大德之人（犹琦草芳华顺风）遍散（善德）之香。（十二）

栴檀木香气浓郁，青莲花芳香逼人；即使可以认为诸种香味的确是真（实的），但仍然不如守戒（之德）香味绸蕴。（十三）

各种花朵之香其味极其微弱，不能称之为真正的（香味）；持戒（品德）之香最上，直透梵天遍处香。（十四）

守戒之德圆满，（意念）行为就不会放纵无际；（守）定意念便可超度脱离尘世苦难，永永远远离开魔

鬼之道。(十五)

(人生在世)犹如开挖的田沟,田沟直接通向人人行走的大道;田沟之中种植莲花,莲花之香令人心旷神怡。(十六)

(人生在世)生生死死的现象也如(田沟)一样,凡庸众生处于污秽的田沟之边;只有智慧之人(犹如莲花)快乐地出离生死的污秽之所,是佛门弟子。(十七)

13　暗愚品

原典

暗愚品第十三二十有一章①

暗愚品者,将以开蒙,故陈其然②,欲使窥明。

不寐夜长,疲倦道长,愚生死长③,莫知正法。(一)

痴意常冥④,逝如流川。在一行疆,独而无偶。(二)

愚人着数⑤,忧戚久长;与愚居苦,于我由怨。(三)

有子有财,愚惟汲汲⑥;我且非我,何有子财?(四)

暑当止此，寒当止此，愚多预虑⑦，莫知来变。（五）

愚蒙愚极，自谓我智；愚而胜智，是谓极愚！（六）

顽暗⑧近智，如瓢斟味，虽久狎习，犹不知法。（七）

开达近智，如舌尝味，虽须臾习，即解道要。（八）

愚人施行，为身招患；快心作恶，自致重殃。（九）

行为不善，退见悔悋⑨，致涕流面，报由宿习⑩。（十）

行为德善，进睹欢喜，应来受福，喜笑玩习。（十一）

过罪未熟，愚以恬淡；至其熟时，自受大罪。（十二）

愚所望处，不谓适苦，临堕危地，乃知不善。（十三）

愚蠢作恶，不能自解，殃追自焚，罪成炽然⑪。（十四）

愚好美食，日月滋甚；于十六分⑫，未一思法。（十五）

愚生念虑，至终无利；自招刀杖，报有印章⑬。（十六）

观处⑭知其愚，不施而广求，所堕无道智⑮，往往有恶行。（十七）

远道近欲者，为食在学名；贪倚家居故，多取供异姓。（十八）

学莫堕三望⑯，莫作家沙门；贪家违圣教，为后自匮乏；此行与愚同，但令欲慢增。（十九）

利求之愿异，求道意亦异；是以有识者，出为佛弟子；弃爱舍世习，终不堕生死。（二十）

注释

①此品虽标二十一章，实际只有二十章。十九章和二十章各多两句，故尔在章目数上少了一章，整体句数不少。

②**陈其然**：陈述生命的本来意义，即佛教的出世观点。

③**愚生死长**：愚昧之人觉得生死轮回这一生命历程特别漫长。

④**冥**：昏暗。

⑤**着数**：黏着于命运。数，命运。

⑥**汲汲**：忧心忡忡的样子。

⑦**预虑**：即多余的顾虑。预，同豫。这是因为愚暗之人不知尘世无常而生发的尘世忧虑。

⑧**顽暗**：极度顽固的愚昧，糊涂而近乎天真。

⑨**悔悋**：后悔。悋，通吝，羞愧之意。

⑩**宿习**：以往的行为。

⑪**炽然**：火燃烧旺盛的样子，喻罪过特别严重。

⑫**十六分**：谓极点，无以复加。

⑬**报有印章**：此为省略语，即报有如印章；意谓果报丝毫不爽，如同印章刻在纸上，一模一样。

⑭**处**：即人所处的位置、所做的事的总称，即某人当下的所作所为。

⑮**无道智**：邪智也。相对佛教人生智慧而言。

⑯**三望**：古代祭祀的一种名称。望，是心中所想而不能亲自到达。古人对山川、河海、星宿的祭祀称三望，此处引申为只是心中有所想而实际上不践行。

译文

暗愚品的大意是要开启蒙昧，陈述暗愚的本相及其原因，目的是使暗愚之人重见光明。

失眠之人倍觉夜长，疲倦之人倍觉道路漫长，愚暗之人倍感生死轮回漫长，不知正等的大法（方才如此）。（一）

痴意常常是昏暗无光，（不知）逝去的岁月犹如河水流淌（一去无还）。宁可独处独行走，不与愚人做伙

伴。(二)

愚暗之人看重命运，忧戚生命历程漫长无涯；与愚同行同居之人必然忧苦无乐，对于生命自我任凭怨恨指使。(三)

既有子女又有家财，愚暗之人却整日忧心忡忡；(生命)之"我"况且不是真正的属于我有，哪里还有什么子女家财？(四)

夏天住在这里，冬天也住在这里，愚暗之人以为常住人间，徒怀千岁之忧，从来也没有思考过未来的变化。(五)

愚暗蒙昧到了极点，反而自我认为智慧聪明；坚决认为愚暗的人胜过智者，这便是极顶的愚昧。(六)

愚暗者亲近善知识，犹如(木)瓢斟酌各种有味之汤，即使是长久地亲尝习学味道，但却不知瓢中的羹味。(七)

开明通达者亲近善知识，犹如舌头品尝味道，即使是片刻的品尝，立即便知其羹味美无穷。(八)

愚暗之人实施行动，(往往)自身招来罪祸；畅快心意肆行恶事，自我招致深重罪殃。(九)

行为不善，事后必生后悔心，以致眼泪纵横流，这一报应终由往昔恶习导致。(十)

行为有德且善，事后无悔心欢喜，未来报应必将受

福,喜笑颜开愉快地从事人生事务。(十一)

恶业未到成熟之时,愚暗之人以为恬淡无事;等到过罪报应到时,自然承受巨大罪苦。(十二)

愚暗之人所见所及,并不认为是趋向苦境;及至深临堕入危险之地,方才知晓(当初所求)乃是不善。(十三)

愚蠢之人犯下罪恶,不能自解自觉,祸殃焚烧自我,罪恶之火熊熊燃烧,经久不灭。(十四)

愚暗之人喜好美食,日甚一日不断在饮食方面追求美味;在追求达到极顶过程中,未曾有一分思念(佛)法。(十五)

愚暗自然产生顾虑念头,从生到死皆无一利;自我招致刀杖之苦,报应犹如图章印盖于纸,毫爽无差。(十六)

观人所处即知其愚,既不布施却又广求,其人必将堕入无道无智境地,往往伴随恶行出现。(十七)

远离大道靠近欲望之人,为了谋生而沽名钓誉;因为贪恋在家的缘故,广泛地索取以供异姓(之教)。(十八)

习学大道切莫堕入"三望"的圈套,不要做居家的僧徒;贪恋家庭违背圣人教旨,日后必将自我匮乏;此种行为与愚暗之人同行同处,只是徒增各种欲望。

（十九）

求利的愿望往往适得其反，追求大道往往也是得与愿违（此世清苦，其后得福）；因此见识高明之人，出家去做佛门弟子；舍弃恩爱，舍弃世间所有行为，终生不再堕入生死轮回之苦。（二十）

14 明哲品

原典

明哲品第十四 +有七章

明哲品者，学念行者，修福进道①，法为明镜。

深观善恶，心知畏忌；畏而不犯，终吉无忧。（一）

故世有福，念思绍行②；善致其愿，福禄转胜。（二）

信善作福，积行不厌，信知③阴德，久而必彰！（三）

常避无义，不亲愚人，思从贤友，狎附④上士。（四）

喜法卧安，心悦意清；圣人演法⑤，慧常乐行。（五）

仁人智者，斋戒奉道，如星中月，照明世间。（六）

弓工⁶调角，水人调船，巧匠调木，智者调身。（七）

譬如厚石，风不能移；智者意重⁷，毁誉不倾。（八）

譬如深渊，澄静清明；慧人闻道，心净欢然。（九）

大人体无欲，在所昭然明；虽或遭苦乐，不高现⁸其智。（十）

大贤无世事，不愿子财国；常守戒慧道，不贪邪富贵。（十一）

智人知动摇，譬如沙中树；朋友⁹志未强，随色染其素⑩。（十二）

世皆没渊，鲜克⑪度岸；如或有人，欲度必奔！（十三）

诚贪道者，览受⑫正教；此近彼岸，脱死为上。（十四）

断五阴法⑬，静思智慧；不反入渊，弃倚⑭其明。（十五）

抑制情欲，绝乐无为；能自拯济，使意为慧。（十六）

学取正智，意惟正道；一心受谛，不起为乐；漏尽习除，是得度世。（十七）

注释

①**进道**：上升到对道的追求。

②**念思绍行**：心念与思想要紧跟行动。绍，继也、紧接也。

③**信知**：深深信仰。

④**狎附**：亲近依附。狎，亲昵、靠近。

⑤**演法**：敷演宣讲佛法。

⑥**弓工**：制造弓之工匠。

⑦**意重**：意志坚定不可移。

⑧**不高现**：不通过某某来显示出其智慧境界之高尚。

⑨**朋友**：动词，交接朋友。

⑩**素**：白色。佛教上座部及《法句经·双要品》第一、二章均强调"心性本净"。此处应是肯定心性本净之意。参见吕澂《印度佛学源流略讲》第三〇三页，上海人民出版社一九七九年十月第一版。

⑪**鲜克**：即少克、很少能够。鲜，为少之异体字。

⑫**览受**：观看并接受。

⑬**五阴法**：即五蕴法。五阴，是指色、受、想、行、识，这五种感觉聚集在人身上，便产生五种相应的欲望；法，是万事万物之总称。

⑭**弃倚**：抛弃世俗的种种倚靠，如身体、财产、子女、权势等等。

译文

明哲品大意是讲，习学（控制）心念和行为的人，应当修炼人生福报而精进于大道，以佛法作为人生的明镜。

透彻地审视善恶（之报），心中（必）知敬畏禁忌；敬畏（果报）而不犯（邪恶），终身吉庆了无忧患。（一）

所以世间有福之人，（心）念思维紧跟行动（毫不放纵）；善于实现自己的意愿，幸福与财富加倍增长。（二）

深信善（报）广行福（事），积聚善德毫不厌倦，深深相信阴德（之报），久而久之（其德）必然彰显辉煌。（三）

经常避开无义之举，不去亲近愚暗之人，一心思量追随贤德之友，亲近依傍上等有识之士。（四）

喜悦（佛）法之人睡眠安稳，心情和悦意志清爽；圣人敷演佛法（精义），智慧常使行为快乐。（五）

仁德智慧之人，坚守戒律奉持佛法，犹如星空之中明月，（光华）普照世间。（六）

制造角弓的工匠调理牛角，船夫掌舵调理航船，智巧工匠调理木料，智慧之人调理身（心）。（七）

譬如厚重磐石，任凭大风吹刮毫不动移；智慧之人（心）意凝重稳固，任凭毁誉之言四起不能使其主意倾斜。（八）

譬如深不见底的涧渊，澄静清明；智慧之人听到大道（精义），心意澄净心情欢悦。（九）

大德之人身心无欲，所处之地昭然明朗；即使偶然遭遇苦乐，（但对这些苦乐的无动于衷）并不能高尚显赫其拥有的智慧（功能）。（十）

大贤之人了无尘世事务（扰乱），不愿拥有子女、财产、政权种种（俗务）之累；经常坚守戒律智慧与佛道（法则），从不贪求邪欲富贵。（十一）

智慧之人深知（心意）易于动摇，犹如生长在沙土中的树木（极易被风摇动）；交朋结友而（自己）心志并不强固，就会随顺尘世各种习气现象而污染自己清净本性。（十二）

世俗之人均皆沉没于（人欲）深渊，很少有人渡过深渊走上彼岸；假若有人（前来救度），要求救度之人必然奔走前来（叩问佛法）。（十三）

确确实实热爱大道，认认真真接受端正之义的教诲；如此之人接近（真如）彼岸，直至超脱（生）死之

苦便为上等（之人）。（十四）

斩断五蕴之苦的假相，静静思考寻求智慧；不会再回到（人欲）的深渊之中，抛弃所有的依托（其智）必将光明。（十五）

抑制情感欲望，断绝（世俗）快乐，莫要放纵情欲；如此便能自己拯救自己（脱离世俗苦海），驱使意（念）进入智慧。（十六）

学习应取端正之智，（心）意惟以正道（为念）；一心一意接受（佛家）真谛，（杂念）不起便是快乐；烦恼消尽陋习除尽，这样便能超度世俗之苦。（十七）

15　罗汉品

原典

罗汉品第十五有十章

罗汉品者，言真人性脱欲无着，心不渝变①。

去离②忧患，脱于一切，缚结③已解，冷而无暖④。（一）

心净得念，无所贪乐；已度痴渊⑤，如雁弃池。（二）

量腹而食⑥，无所藏积；心空无想，度众行地；如

空中鸟,远逝无碍⑦。(三)

世间习尽,不复仰食;虚心无患,已致脱处;譬如飞鸟,暂下辄逝。(四)

制根⑧从正,如马调御⑨;舍憍慢习,为天所敬。(五)

不怒如地,不动如山;真人无垢,生死世绝。(六)

心已休息,言行亦止;从正解脱,寂然归灭。(七)

弃欲无着,缺⑩三界障,望意⑪已绝,是谓上人。(八)

在聚在野⑫,平地高岸,应真所过⑬,莫不蒙祐。(九)

彼乐空闲,众人不能。快哉无望,无所欲求!(十)

注释

①渝变:改变。

②去离:远离。

③缚结:人生的各种欲望如绑缚人性之绳结。此乃譬喻之言。

④暖:温暖之意。《南传法句经》译作"烦恼"。

⑤痴渊:痴,佛教认为人对某些像物的执着为痴;这种意识状态如深渊一样,使人的真性沉溺于其中而遭受世俗之苦楚。

⑥**量腹而食**：以吃饱肚子为准而不贮藏。这是早期游方僧、头陀行思想的反映，主要是以行乞为生。

⑦**无碍**：无所挂碍，无所留恋。

⑧**制根**：制伏自己的根性。

⑨**调御**：调理。御，驾驶。

⑩**缺**：少、没有。

⑪**望意**：各种不切实际的意识、想法。

⑫**在聚在野**：聚，人烟稠密之处；野，荒野少人之地。

⑬**所过**：所经过之地。

译文

罗汉品大意是讲，真人之性脱离了欲望的纠缠，无所黏着滞碍，心（意）坚定不易改变。

摆脱忧患的缠绕，从一切世俗的束缚中解脱出来，各种人生捆缚疙瘩已经解开，心中冷静而无烦恼。（一）

心（灵）净洁便可获得（正等）念头，不再有所贪恋有所欢乐；已经度脱痴意之深渊，犹如大雁舍弃了栖留的池塘（在蓝天自由飞翔）。（二）

每次吃饭以肚饱为准，无须积攒贮藏食粮；心中空空无所思想，救度了众人行走的大地，犹如空中飞翔之鸟，远走高飞没有阻碍。（三）

尘世的种种习性已摆脱殆尽，不再到处仰面乞食；虚怀心胸没有祸患，已经达到超脱的境界，犹如飞鸟一般，偶尔栖歇凡世，立即就飞离地面高飞远逝。（四）

制伏根性使之顺从端正，就像马被调教便于驾驭；舍弃了骄傲堕慢的习性，就连老天也尊敬（此等之人）。（五）

犹如大地忍辱负重沉默不怒，就像大山沉稳坚固不被动摇；真人没有任何污垢，也不再坠入轮回道中。（六）

心念已经无相亦无妄念，言行亦复无差错；顺从正道得解脱，安安静静归于涅槃。（七）

抛弃欲望无所黏着，没有三界的种种魔障，各种奢求之意已经断绝，这样便是上德之人。（八）

或在人群或在野外，或处平地或处高岸，符合真谛的教诲，所过之处，皆受保佑。（九）

阿罗汉者乐空寂，凡庸之人则不能。真正的快乐呀，没有欲望，没有任何欲求！（十）

16 述千品

> **原典**

述千品第十六十有六章

述千品者，示学者径多而不要①，不如约明。

虽诵千言，句义不正，不如一要，闻可灭意。（一）

虽诵千章，不义②何益？不如一义，闻行可度。（二）

虽多诵经，不解何益？解一法句，行可得道。（三）

千千③为敌，一夫胜之；未若自胜④，为战中上。（四）

自胜最贤，故曰人雄；护意调身，自损⑤至终。（五）

虽曰尊天，神魔梵释⑥，皆莫能胜，自胜之人。（六）

月千反祠⑦，终身不辍⑧；不如须臾，一心念法。一念道福，胜彼终身。（七）

虽终百岁，奉事火祠⑨；不如须臾，供养三尊。一供养福，胜彼百千。（八）

祭神以求福，从后观其报；四分未望一，不如礼贤者。（九）

能善行礼节，常敬长老者；四福自然增，色力寿而安。(十)

若人寿百岁，远正⑩不持戒；不如生一日，守戒正意禅。(十一)

若人寿百岁，邪伪无有智；不如生一日，一心学正智。(十二)

若人寿百岁，懈怠不精进；不如生一日，勉力行精进。(十三)

若人寿百岁，不知成败事⑪；不如生一日，见微⑫知所忌。(十四)

若人寿百岁，不见甘露道⑬；不如生一日，服行甘露味。(十五)

若人寿百岁，不知大道义；不如生一日，学惟佛法要。(十六)

注释

①**不要**：不得要领。

②**不义**：不符合佛之义。

③**千千**：一千个千，即百万，形容很多。

④**自胜**：自己战胜自己的各种欲望。

⑤**自损**：自己减损自己内在的欲望。

⑥**梵释**：即梵天之中的众天神。

⑦**月千反祠**：一月内一千次地返回到寺院里祈祷。反，通返。

⑧**辍**：断、间歇。

⑨**火祠**：即火神。火神为印度人民崇拜的神之一。

⑩**远正**：远离正道。

⑪**成败事**：成功和失败两种不同的结局。

⑫**微**：事件刚刚萌发出征兆。

⑬**甘露道**：佛法之味如甘露甜美，养人身心。

译文

述千品的大意是讲：学习（佛法）的途径很多，如若不得要领，不如以简约为最高的追求。

即使诵读了千言万句（经典），如果不了解其真正意义，不如诵读一句符合佛法精神之言，一闻此言即可熄灭各种恶念。（一）

即使诵读千章，不符佛法教义又有什么益处？不如只诵读一句符合佛法教义之言，闻此言语实践后便可了脱世间之苦。（二）

即使诵读很多经文，若不理解又有何益？理解了一句符合佛法教义之言，便可获得了脱尘世之苦的方法。（三）

一人能胜百万敌人（未来雄杰），不如自我战胜自我，这种战胜自己的（战斗）方为上乘（之韬略）。（四）

自己战胜自己最为贤德，所以称赞此等之人为人中之雄；守护意念调控身心，自我减少（各种意欲）直至生命终结。（五）

即使天为至尊，（再加上伟大的）神魔梵释（诸神），（这些伟大的力量）都不能战胜那自己战胜自己之人。（六）

每月千次地往返于祠庙之中，而且终身从不间断（祈祷神灵）；但都不如片刻专心，奉事（佛）法。只要将（心）念紧系在大道和福德的（准则）之上，胜过那些终身在（祠庙中祈祷神灵之人）。（七）

即使终身百岁，朝朝供奉火神，但都不如片刻（专心），供养（佛法僧）三种至尊。一旦供养（佛法僧）即可得福，胜过供养火神的千倍（功效）。（八）

祭祀神灵希求幸福，从其后来的果报来看，四分之求未得一分之报，不如礼遇贤德之人。（九）

能够（以）善（为念）行动（皆合）礼节，经常敬重长老之人；四种幸福自然增加，身体健康力壮长寿平安。（十）

假若人活百岁，远离正道不持戒律；不如只活一

日，坚守戒律端正意念进入禅定。（十一）

假若人活百岁，邪僻虚伪没有正智；不如只活一日，一心一意学习端正之智。（十二）

假若人活百岁，懈怠心志不求上进；不如只活一日，勉励努力精进于佛法教义。（十三）

假若人活百岁，不知道（世事）何为成功何为失败；不如只活一日，看见（败事）微妙之征兆便知禁忌。（十四）

假若人活百岁，不见（美如）甘露的大道；不如只活一日，体味实践（美如）甘露的（大道）之味。（十五）

假若人活百岁，不知道大道之精义；不如只活一日，学习佛法的精要之义。（十六）

17　恶行品

原典

恶行品第十七 二十有二章

恶行品者，感切①恶人，动有罪报，不得②无患！

见善不从③，反随恶心；求福不正，反乐邪淫。（一）

凡人为恶，不能自觉；愚痴快意，令后郁毒④。（二）

殃人⑤行虐，沉渐数数⑥；快欲为人，罪报自然。（三）

吉人行德，相随积增；甘心为之，福应自然。（四）

妖孽⑦见福，其恶未熟；至其恶熟，自受罪酷。（五）

祯祥见祸，其善未熟；至其善熟，必受其福。（六）

击人得击，行怨得怨，骂人得骂，施怒得怒。（七）

世人无闻⑧，不知正法；生此寿少，何宜为恶？（八）

莫轻小恶，以为无殃⑨；水滴虽微，渐盈大器；凡罪充满，从小积成。（九）

莫轻小善，以为无福；水滴虽微，渐盈大器；凡福充满，从纤纤⑩积。（十）

夫士为行，好之与恶⑪，各自为身⑫，终不败亡。（十一）

好取之士，自以为可；没取⑬彼者，人亦没之。（十二）

恶不即时，如构⑭牛乳；罪在阴伺⑮，如灰覆火。（十三）

戏笑为恶⑯，已作身行，号泣受报，随行罪至。（十四）

作恶不起[17]，如兵[18]所截；牵往乃知，已堕恶行；后受苦报，如前所习。（十五）

如毒摩[19]疮，船入洄澓[20]，恶行流愆[21]，靡不伤克！（十六）

如恶诬罔人，清白犹不污；愚殃反自及，如尘逆风坌[22]。（十七）

过失犯非恶，能追悔为善；是明照世间，如日无云曀[23]。（十八）

大士以所行，然后身自见：为善则得善，为恶则得恶。（十九）

有识[24]堕胞胎，恶者入地狱，行善上升天，无为得泥洹。（二十）

非空非海中，非隐山石间，莫能于此处[25]，避免宿恶殃。（二十一）

众生有苦恼，不得免老死；唯有仁智者，不念人非恶。（二十二）

注释

①**感切**：感动告知。

②**不得**：不可能。

③**从**：追随、顺从。

④**郁毒**：很深的痛苦、罪过。

⑤殃人：即歹人、不善之人。

⑥数数：一点一滴。

⑦妖孽：歪门邪道之辈。

⑧无闻：无所闻，见识不广，即是无知。

⑨殃：祸灾。

⑩纤纤：细少。

⑪好之与恶：此为"好之与恶之"之省略语。意谓不管是喜欢它还是讨厌它。

⑫为身：爱护身体，保护自身。

⑬没取：平白无故地吞侵占有。没，没收，吞为己有；取，攫取。

⑭构：合成。牛吃草在体内通过生物分解而慢慢地合成牛乳。

⑮阴伺：亦作阴祠，即阴曹地府，冥中。

⑯戏笑为恶：以不经意的态度行恶。

⑰不起：未发作，没有暴发出来。

⑱兵：部队。

⑲摩：慢慢地形成。

⑳洄澓：洄流、漩涡。

㉑潗：即潜，暗流之意。

㉒坌：同坋，音 bèn，尘土飞扬之意。

㉓云曀：即云系、云块之意。曀，阴晦的样子。

㉔**有识**：有识这种根性之人。识，被佛教看作是人的六根之一，它执着于我，故始终不得涅槃，堕入轮回之苦。

㉕**此处**：指上文空、海、山石等空间。

译文

恶行品的大意是要感动恶人，让他们知道只要有恶行就会有恶报，不可能逍遥无患。

明白了何者为善却不顺从，反而（故意）随顺恶之心念；寻求幸福不从正道，反而喜好邪僻淫欲。（一）

凡庸之辈行恶（之时），往往处在不知不觉之中；愚痴之辈只知使（心）意快乐，后来便陷入忧郁痛苦之中。（二）

歹毒之徒行使暴虐，（开初）也是从一点一滴的小恶做起；只知以实现欲望为快乐的人，罪恶的果报是自然而然的。（三）

善良之人处处积德，（其福也将）伴随善德渐渐积聚增大；心甘情愿行善积德，福报之来亦是自然。（四）

妖孽之人暂见幸福，只是其恶还未到报应之时；等到恶报来临之际，自然承受罪恶的煎熬。（五）

祯祥之人暂见祸患，只是其善还未到果报之时；等到善报来临之时，必然享受善德之福报。（六）

打击别人必然遭到别人的还击,行使怨恨也将遭到他人怨恨的(果报),骂人之人必遭他人回骂,施发怒气之人必遭他人之怒。(七)

世间之人没有闻听(许多大道法则),不知(何为)真正的佛法;人生在世寿命短暂,怎么能行恶(作恶)呢?(八)

不要轻视小恶,以为小恶无殃;水滴虽然微小,慢慢地就会充盈巨大器皿;凡是恶贯满盈,都从小恶积累而成。(九)

不要轻视小善,以为小善不会致福;水滴虽然微小,慢慢地就会充盈巨大的器皿;凡是福(庆)充满,皆从细少之处积蓄而成。(十)

所有士人的行为,无论出于爱好还是出于憎恶,(只要)各自均从爱护自我出发,最后都不会走上败亡(之路)。(十一)

喜爱多取的士人,自以为(多取)的结果非常满意;(哪知)吞没夺取了他人的(果实),其他之人又会以同样的方式从其手中夺走。(十二)

恶行并不即时(报应),犹如(母)牛吃草(慢慢)孕育牛奶;罪恶在阴间地府伺候等待,犹如灰中之火等待(时机)复燃。(十三)

不经意的态度便是恶行,若是如此且身体力行,

（结果必然是）号啕大哭遭受果报，随顺（戏笑之恶行）罪（报）旋踵而至。（十四）

作恶（之报）未来之时，犹如敌兵遭到堵截；一旦（被）牵进（恶报之境）方才知晓，（自己）已经堕入恶行；后来遭受的痛苦果报，就同从前所作恶行（一模一样回报自身）。（十五）

就像毒聚成疮，船入洄流漩涡之中（一样），恶行潜流暗滋，（人性美德）没有什么东西不被（恶行）伤害戕伐。（十六）

假如恶（人）诬蔑陷害他人，清白（之人）仍然不会被污染；愚暗（的）罪殃结果反而是自作自受，犹如灰尘逆风而扬仍被吹回原地。（十七）

因为过失犯下罪恶，（后来）能够自我追悔一心向善；这样的人（人性）光辉普照世间，犹如红日当空，再无云翳遮覆。（十八）

大德之士按照这一法则（行事），然后亲身即可看到：行善就得善报，行恶就得恶报。（十九）

（执着于）有的见解就堕入人世的轮回，作恶之人就会堕入地狱，行善之人可以升入天界，无为之人可以进入涅槃的境界。（二十）

无论是遁入虚无的天空、寥廓的大海，还是隐藏在深山的石缝之中，没有一个地方，能够躲避往昔之恶的

果报。(二十一)

芸芸众生皆有苦恼,不得免除直至老死;唯有仁人智士,不记挂(他)人是非罪恶(故尔了无苦恼)。(二十二)

18　刀杖品

原典

刀杖品第十八+有四章

刀杖品者,教习慈仁,无行刀杖,贼害①众生。

一切皆惧死,莫不畏杖痛!恕己可为譬②,勿杀勿行杖。(一)

能常安群生,不加诸楚毒;现世不逢害,后世长安隐。(二)

不当③粗言,言当畏报;恶往祸来,刀杖归躯。(三)

出言以善,如叩众磬④;身无议论,度世则易。(四)

驱杖良善,妄谗无罪,其殃十倍,灾迅无救。(五)

生受酷痛⑤,形体毁析,自然恼病,失意恍惚。(六)

人所诬枉，或县⑥官厄，财产耗尽，亲戚离别。（七）

舍宅所有，灾火焚烧，死入地狱，如是为十。（八）

虽⑦裸剪发，被服草衣，沐浴踞石，奈疑结何⑧？（九）

不伐杀烧，亦不求胜；仁爱天下，所适无怨。（十）

世傥有人，能知惭愧，是名诱进⑨，如策良马。如策善马，进道能远。（十一）

人有信戒，定意精进，受道慧成，便灭众苦。（十二）

自严以修法，减损⑩受净行，杖不加群生，是沙门⑪道人。（十三）

无害于天下，终身不遇害；常念⑫于一切，孰能以为怨？（十四）

注释

①贼害：残害。

②恕己可为譬：即推己及人的意思。恕己，从自己的感受出发；譬，作为例子推广。

③不当：不应该。

④磬：古代一种石钟，敲之则响。

⑤生受酷痛：活着的时候遭受酷烈的打击。

⑥县：通悬，遭受。

⑦虽：即使。

⑧奈疑结何：无奈怀疑怨恨之心已经形成，没有办法了。

⑨诱进：诱导人们向上，向佛所阐释的人生境界进取。佛教把自我反省、知耻看作是前进的内在动力。

⑩减损：减少各种妄念、非分之意欲。

⑪沙门：即佛教徒，出家者之总称。

⑫念：关怀、慈悲。

译文

刀杖品的大意是：教人习学仁慈，勿要使用刀杖，残害众（多）生（灵）。

一切（生灵）面对死亡都心怀畏惧，而且都害怕刀杖（加身）的痛楚；以己体物可以广推，就不要杀戮（生灵）行使棍杖。（一）

能够经常与众多生灵相安而处，不会（随意）施加毒楚（于众生之身）；（此等之人）生时不会遭逢祸害，来生亦可长久地平安稳定。（二）

不应该出语粗恶，言语粗恶应该畏惧（恶）报；恶（的言行）已发，祸殃就会来临，刀与棍棒就会加身。（三）

说话态度和善，就像叩打众多钟磬一般（妙音回应）；不再吝惜一己的假有之身，救度世间就十分容易。（四）

殴打良善之人，随意谗害无罪之人，这种罪殃将增十倍，（而且）速得恶报难以救护。（五）

生命遭受剧烈创痛，形体遭到损毁离析，自然会产生烦恼疾病，精神失意恍惚。（六）

为他人所诬枉，或者遭逢官司困扰，以致家中财产耗尽，亲戚（朋友）生离死别。（七）

（而且）房屋之内所有一切，（皆）被灾难之火焚烧殆尽，死后进入地狱，这便是十倍的（报应）。（八）

即使苦修裸身剃发，身披草制粗衣，沐风浴雨睡卧石，疑结不解奈若何？（九）

不去攻伐他人杀生放火，也不追求战胜他人；仁（慈）（博）爱天下（生灵），所到之处皆无怨恨（产生）。（十）

世间倘若有人，能够知晓（自）惭（自）愧，这便叫作（自我）诱导（自我）向上进取，就像鞭策良马（加快步伐）。如果能以善为马，向着大道进取就能深入长远。（十一）

（世）人若有诚实守戒（之德），守定意念精益求精，接受大道（的训诫），智慧之见自然形成，就可以

灭除各种（人生）苦恼。（十二）

自我严格要求修炼佛法，减损（各种欲望）接受清净意念，棍杖不随意地加害众多生灵，这便是佛门弟子中得道之人。（十三）

对天下任何生灵都不加伤害，终其一生皆不遭逢祸害；常常关怀一切生灵，谁还能与这样的人结下怨（仇）呢？（十四）

19　老耄品

原典

老耄①品第十九+有四章

老耄品者，诲人勤力，不与命竞②，老悔何益？

何喜何笑？念常炽然③，深蔽幽冥，如不求定④。（一）

见身形范⑤，倚以为安；多想致病，岂知不真⑥！（二）

老则色衰，病无光泽，皮缓肌缩，死命近促。（三）

身死神徙⑦，如御弃车；肉消骨散，身何可怙⑧？（四）

身为如城⑨，骨干肉涂，生至老死，但藏恚

慢。(五)

老如形变,喻如故车⑩;法能除苦,宜以力学。(六)

人之无闻,老若特牛⑪,但长肌肥,无有福慧。(七)

生死无聊⑫,往来艰难;意倚贪身,生苦无端。(八)

慧以见苦,是故弃身,灭意断行,爱尽无生。(九)

不修梵行,又不富财,老如白鹭,守伺空池。(十)

既不守戒,又不积财,老羸⑬气竭,思故何逮⑭?(十一)

老如秋叶,行秽鉴录⑮,命疾脱至,亦用后悔⑯!(十二)

命欲日夜尽,及时可勤力;世间谛非常⑰,莫惑堕冥中。(十三)

当学燃意灯,自练⑱求智慧;离垢勿染污⑲,执烛观道地。(十四)

注释

①**老耄**:即老朽、衰老之人。耄,八九十岁的人称耄。

②**竞**:抗争。

③**炽然**：热烈盛旺，像火燃烧一样，形容念头特别多而杂。

④**如不求定**：联系上句，此为倒装句，假如不寻求入定的话，将会深蔽幽冥。

⑤**形范**：成形了，具有了固定的形躯。

⑥**不真**：指有形的身躯并不真实，只是假相，终久要老朽、坏死、消失。

⑦**徙**：走。

⑧**怙**：倚靠。

⑨**城**：城堡。

⑩**故车**：旧车、破车。

⑪**特牛**：公牛，仅有蛮力而无智慧。

⑫**无聊**：无所倚靠。

⑬**羸**：衰弱、无力。

⑭**思故何逮**：追念往昔青春岁月又哪能企及？故，往昔；逮，赶得上。

⑮**行秽鉴录**：一作行秽秽褛。联系上文，应作如是解。意指人老时，外表丑陋不堪，行为狼藉，如秋天落叶飘零，或落在污秽之处，破败不堪。

⑯**命疾脱至，亦用后悔**：《中华大藏经》、宋本《法句经》分别译为："命尽脱至，乏用后悔"，"命疾脱生，不用后悔"。全句大意是生命将尽，不用后悔，后悔亦

无益了。

⑰**世间谛非常**：佛所阐释的真理。世间谛，即俗谛，凡人所看到的真理；非常，不是永恒的。

⑱**自练**：自我修炼。

⑲**染污**：为污所染。污，即污秽，世俗的种种欲望、意念、行为。

译文

老耄品的大意是：劝人勤勉努力，不要与生命抗争，老来后悔又有何益？

（人生在世）有什么值得欢喜，值得开颜大笑？妄念常常如火焰般燃烧，深深地被世俗的幽暗昏冥所遮蔽，不如认真地去修禅定。（一）

自以为身躯强壮精力旺，倚恃年轻得平安；妄念纷纷多诟病，哪知此身假有身！（二）

老时颜色衰退，病时颜容无光，皮肤松弛肌肉萎缩，生命死期已经来临。（三）

身体死亡神识飞走，就像驾车之人丢弃（旧）车（神识丢弃了身体）；（肌）肉消亡腐烂骨骸散架分开，（有形）身躯哪里可以倚靠？（四）

身体犹如城堡，骨为构架主干，肉为大道（通衢），从生至死，只是深藏愤恨惰慢之志。（五）

老来形躯衰变,犹如破旧之车;佛法能除痛苦,应当努力学习。(六)

人若未闻(佛法),老来犹如(祭祀的)公牛,只是一味地生长肌肉膘肥(祭献死神),没有福报没有智慧。(七)

从生到死皆无倚托,来来往往皆有艰难;心意倚托于对身躯的贪恋(之上),生命历程的痛苦将是无际无涯。(八)

智慧(之人)可以预见(生命)之苦,因此抛却有形身躯,灭除意欲,斩断意念(之根),恩爱弃尽不再受生。(九)

既不修炼清净之行,又无足够(养身的)财富,老来犹如白鹭孤伶,空空厮守荒芜水池。(十)

既不坚守戒律,又不积蓄财富,老来羸弱气竭衰颓,思恋往昔(青春之日)哪里有什么益处?(十一)

衰老之时犹如秋天树叶,(随风飘落)污秽(沟池),外表破败褴褛不堪,生病将死时,也当后悔当初不学佛法。(十二)

生命之流日夜奔腾直至尽头,应当及时勤勉努力(学习佛法);世间真理并非真正的(佛所指教)的真理,切莫迷惑堕入冥冥(地狱)之中。(十三)

应当学习(如何)点燃(心)意的(智慧)之灯,

自我修炼寻求智慧；远离污垢勿要被尘俗污染，手执明烛观看（何为）大道的境地（便去追寻）。（十四）

20　爱身品

原典

爱身品第二十+有三章

爱身品者，所以劝学，终有益己，灭罪兴福。

自爱身者，慎护所守；希望欲①解，学正不寐②。（一）

身为第一，常自勉学；利乃诲人，不倦③则智。（二）

学先自正，然后正人；调身入慧，必迁为上！（三）

身不能利，安能利人？心调体正，何愿不至！（四）

本我④所造，后我自受；为恶自更，如钢钻珠。（五）

人不持戒，滋蔓如藤；逞情极欲，恶行日增。（六）

恶行危身，愚以为易；善最安身，愚以为难。（七）

如⑤真人教，以道法⑥身；愚者病之⑦，见而为恶；行恶得恶，如种苦种。（八）

恶自受罪，善自受福；亦各须熟⑧，彼不自代；习

善得善，亦如种甜。（九）

自利利人，益而不费⑨；欲知利身，戒闻为最。（十）

如有自爱，欲生天上；敬乐闻法，当念佛教。（十一）

凡用⑩必豫虑，勿以损所务⑪；如是意日修，事务不失时。（十二）

夫治事之士，能至终成利；真见身应行⑫，如是得所欲。（十三）

注释

①**希望欲**：各种空想非分而又不正当之欲求。

②**寐**：本意是睡着了。此处意指糊涂、不明白。

③**不倦**：不厌倦、不停止。

④**本我**：即过去世的（神识）之我；后我，即堕入轮回中的世俗之我。

⑤**如**：像某某一样，按照某某样子。

⑥**法**：规范。

⑦**病之**：以之为病。病，为难、忧虑、困苦。

⑧**熟**：时机成熟。

⑨**费**：破费、浪费、减少。

⑩**用**：有所为。

⑪损所务：对本应致力去干的事有所妨碍。
⑫应行：应该确实去实践力行。

译文

爱身品的大意是讲：（人）为什么要努力学习佛法，（其原因）是（学习佛法）最终对自己有益，灭除罪苦带来福报。

自己爱护生命的人，谨慎护守自己的（信念）；希求渴望解脱（诸种）欲望（纠缠），学习正等（之法）就不会陷入昏昧。（一）

（自我）生命（的存在）为第一要义，应该常常自我勉励学习（佛法）；所谓（获）利乃是教诲别人，（诲人不倦）便可称智。（二）

学习（佛法）首先端正自我（言行），然后才能端正他人（言行）；调顺身（心）进入慧境，必然迁化变成上德之人。（三）

自身都不能得到益处，怎么能将益处施给他人？心（意）调顺（得当）身体归入正端，什么心愿不能实现！（四）

前世之我造罪福，后世之我受果报；作恶如能知改悔，犹如金刚穿明珠。（五）

人们若不持守戒律，滋滋蔓蔓犹如藤蔓（到处攀

缘）；放纵情感极骋所欲，罪恶之行日益增加。（六）

罪恶之行危及自身，愚暗之人以为易于实践而毫无顾忌；善（德之行）最能安定身心，愚暗之人以为难于实践（而畏难不前）。（七）

按照真人教诲去做，运用大道来规约身（心）；愚暗之人以此为难加以指责，见此之行以为恶（行）；犯下恶（行）必得恶报，犹如种下苦涩之种（必得苦果）。（八）

作恶自然遭受罪行，行善自然享有福报；也要待到（恶善）各自成熟之时，它们之间不会互相取代（行恶得善，行善得恶）；实践善德必得善报，也如种下甘甜种子（必享甘甜之果）。（九）

自利其身又利他人，获得好处又不损灭；要想知道如何利身，（守）戒（多）闻是最好方法。（十）

假如有人自爱其身，并想（来世）生于天界之上；（应当）敬守佛法乐闻佛法，应当思念佛之教诲。（十一）

凡有所为必须事先有所准备思虑，切勿损害本来应该要做之事；能够做到这样便可（心）意日修（精诚），（所为）之事就不会错失时机。（十二）

那些致力于事业之人，善始善终者能够获得益处；真见（已明）应该身体力行，能够这样一定能够得其所愿。（十三）

21　世俗品

> **原典**

世俗品第二十一　+有四章

世俗品者，说世幻梦，当舍浮华，勉修道用①。

如车行道，舍平大涂，从邪径败，生折轴②忧。（一）

离法如是③，从非法增，愚守至死，亦有折患④。（二）

顺行正道，勿随邪业，行法卧安，世世无患。（三）

万物为泡⑤，意如野马⑥，居世若幻，奈何乐此！（四）

若能断此⑦，伐其树根⑧，日夜如是，必至于定！（五）

一施如信⑨，如乐⑩之人；或从恼意，以饭食众，此辈日夜，不得定意。（六）

世俗无眼⑪，莫见道真；如少⑫见明，当养善意。（七）

如雁将群⑬，避罗高翔；明人导世⑭，度脱邪众。（八）

世皆有死，三界无安；诸天虽乐，福尽亦丧。（九）

观诸世间,无生不终;欲离生死,当行道真。(十)

痴覆天下,贪令不见;邪疑却道⑮,苦愚行是⑯。(十一)

一法⑰脱过,谓妄语人;不免后世,靡恶不更。(十二)

虽多积珍宝,崇高⑱至于天,如是满世间⑲,不如见道迹⑳。(十三)

不善像如善,爱如似无爱,以苦为乐像,狂夫为所致。(十四)

注释

① **勉修道用:** 努力地修炼以近大道,从而获得人生的大用,脱离尘世苦海。

② **生折轴:** 硬是折断车轴。生,含有无辜地、本不应该的意思。

③ **如是:** 像这样。承上文。

④ **折患:** 即指上文折轴之患。

⑤ **泡:** 泡沫。佛教认为世俗世界的万事万物生灭无常,不可久住,犹如海水中泡沫,刹那生灭。

⑥ **野马:** 尘埃。喻人的意识轻飘不定,无所自主。《庄子·逍遥游》云:"野马也,尘埃也。"

⑦ **断此:** 斩断这种对世俗依恋之情。

⑧**树根**：譬喻用法，指意识大树之根。

⑨**一施如信**：一如既往，从不间断地布施。信，笃实、无妄。

⑩**如乐**：达到快乐境界。

⑪**世俗无眼**：世俗之人无眼。无眼，喻没有眼力，非真无眼。

⑫**少**：通稍，即稍微、稍稍。

⑬**将群**：率领。

⑭**导世**：导引世俗之人。

⑮**却道**：推开了大道。

⑯**苦愚行是**：人生各种苦和愚的现象，到处流行蔓延。

⑰**一法**：一心一意坚守佛法。

⑱**崇高**：高高耸起。

⑲**满世间**：指财宝充满世间。

⑳**道迹**：大道的足迹。孔子曰："朝闻道，夕死可也。"佛家亦看重人生意义而鄙薄金钱的价值。

译文

世俗品的大意是讲：世间一切犹如梦幻，应当舍弃浮华，努力修炼大道，一生受用。

譬如驾车行驶道路，舍弃平坦大道，顺从邪僻小路

自取失败，硬是折断车轴自造烦忧。（一）

背离佛法（之人）亦如这样，从（此）非法（之行）日益增多；愚暗一生直至死亡，也就有了"折轴"之忧。（二）

顺从正道而行，勿要随顺邪恶事业，践履（佛）法睡卧安稳，世世代代永无祸患。（三）

（世间）万物犹如浮沤（随起随灭），心意奔走犹如野马（行踪不定），人生在世若如梦幻，乐此不疲究竟为何？（四）

若能斩断（恋世情缘），砍伐（恋世意识之树）的树根，日日夜夜（砍伐）不止，最终必然进入禅定。（五）

一如既往坚持布施，（这是）到达快乐（境界）之人；假如仅是顺从烦恼之意，用饭施舍芸芸众生；此辈之人日日夜夜，不能获得（禅）定（心）意。（六）

世俗之人没有（法）眼，没有一人看见大道真谛；假如稍微见识明（亮），便当育养（向）善（心）意。（七）

犹如大雁率领雁群，躲避罗网高飞远翔；明（道）之人引导世人，救度（众生）脱离众邪。（八）

世俗之人皆有一死，三界皆无安宁；诸层天界即使快乐，福报已尽亦要丧生。（九）

纵观世间（万物），没有一种生灵能够逃脱死亡；要想远离生死（之苦），应当履行大道真谛。（十）

（愚）痴之意覆盖天下，贪恋（之欲）使人不见（大道真谛）；邪僻疑虑退却大道（流行），（故尔世间）诸苦愚暗等等（大肆畅行）。（十一）

一心一意坚守佛法便可解脱罪过，若不信此以为此言虚妄；（此等之人）不免后来世世代代，跌入恶道，无恶不去，轮回经历。（十二）

即使珍宝堆积如山，宝山高耸至于天，以致珍宝满世间，不如学佛了悟道。（十三）

笑里藏刀貌似善，苦口婆心似无爱，谁能苦中作乐事，尘世狂夫多如此。（十四）

卷下

22　述佛品

原典

述佛品第二十二二十有一章

述佛品者，道①佛神德，无不利度，明为世则。

己胜②不受恶，一切胜世间；睿智廓③无疆，开蒙令入道。（一）

决网④无罣碍，爱尽无所积；佛意深无极，未践迹令践⑤。（二）

勇健⑥立一心，出家日夜灭；根断无欲意，学正念清明。（三）

见谛净⑦无秽，已渡五道渊；佛出照世间，为除众

忧苦。(四)

得生人道⑧难，生寿亦难得，世间有佛难，佛法难得闻。(五)

我既无师保⑨，亦独无伴侣⑩；积一行得佛，自然通圣道。(六)

船师能渡水，精进为桥梁⑪；人以种姓系⑫，度者为健雄。(七)

坏恶⑬度为佛，止地为梵志⑭，除馑⑮为学法，断种为弟子⑯。(八)

观行忍第一，佛说泥洹最；舍罪作沙门，无娆害于彼。(九)

不娆亦不恼，如戒一切持，少食舍身贪，有行幽隐处，意谛以有黠⑰，是能奉佛教。(十)

诸恶莫作，诸善奉行；自净其意，是诸佛教。(十一)

佛为尊贵，断漏无淫，诸释中雄，一群从心。(十二)

快哉福报，所愿皆成；敏于上寂，自致泥洹。(十三)

或多自归⑱，山川树神，庙立图像，祭祀求福。(十四)

自归如是，非吉非上；彼不能来，度我众苦。

（十五）

如有自归,佛法圣众⑲,道德四谛,必见正慧!
（十六）

生死极苦,从谛得度;度世八道,斯除众苦。
（十七）

自归三尊⑳,最吉最上;唯独有是,度一切苦。
（十八）

士如中正,志道不悭,利哉斯人,自归佛者。
（十九）

明人难值㉑,亦不比有;其所生处,族亲蒙庆。
（二十）

诸佛兴快,说经道快,众聚和快,和则常安。
（二十一）

注释

①道：说、阐述。

②己胜：战胜自我的人。

③廓：开阔恢宏。

④决网：冲决世俗各种束缚、规范。

⑤践：此句两个践字,前一践字作践履、实践讲；后一践字可作皈依、归顺讲。

⑥勇健：勇敢果断。

⑦诤,《中华大藏经》、宋本《法句经》均作净。

⑧**得生人道**:求得人生的大道,最高法则。

⑨**我既无师保**:佛教把此岸世界看作是苦海,"我"要脱离这一苦海,必须自驾航船,并没有船师来保护你。师,指导师。

⑩**伴侣**:非寻常之伙伴也。人走进死亡时,是孤独无伴的。生命是自足而又孤独的。

⑪**精进为桥梁**:譬喻句,把自己努力向上的行为看作是救渡苦海的桥梁。

⑫**种姓系**:种姓,印度社会特有的等级制度,当时有婆罗门、刹帝利、吠舍等不同等级。系,即牵绊、附属。

⑬**坏恶**:铲除恶、消除恶。

⑭**梵志**:音译婆罗门、梵士,意译净裔、净行,即清净之志。

⑮**除馑**:蔬菜无收曰馑,此处引申为人生没有获得佛所揭示的要义。除馑,即是避免对人生意义的无知。

⑯**断种为弟子**:人的烦恼皆由六根所生,斩断六根烦恼便为佛门弟子。种,此处当指六根。

⑰**黠**:聪明、聪慧。

⑱**自归**:即自我救度。

⑲**圣众**:比众教更高明,且方法更多。

⑳三尊：即佛、法、僧三宝。

㉑难值：难以遇上。下文"比有"是对举用法，不是比比皆是。感叹世人的糊涂。

译文

述佛品的大意是讲：大道与佛的神威大德，没有一样不是方便救度的，明明白白可为世人行为准则。

战胜自己（意欲）不受恶的折磨，所有一切世俗压力均能承受；睿智寥廓无边无际，启开了蒙昧使之进入大道（境界）。（一）

冲决（世俗）爱欲罗网之后就无所牵挂，（对世俗）恩爱已绝便无所滞执；佛（教）之意蕴高深无极，没有践行（佛法）之人可以使他皈依践行。（二）

勇敢果断地树立专一心志，出家之后日日夜夜损减世俗（之念）；斩断世俗尘缘就不会有任何欲望，习学正念（必然）获得清净明朗。（三）

窥见了真谛（自然）净洁了污秽，便会出离五道轮回的生死海；佛的出现普照世间，是要除去芸芸众生的烦忧苦难。（四）

求得人生的大道颇为艰难，要想获得生命长寿亦很难得，世间要想遇佛也很困难，（真正）的佛法也难（随意）听见。（五）

（生命之）我既没有（船）师可以保护（渡过此岸），也没有（真正）伴侣陪同，（而是）独立无倚；恒守一道获得佛法真谛，自然而然通向圣人之道。（六）

撑船的舵手能使船儿顺利渡水，精进便是度脱尘世苦海的桥梁；人们因为种姓的羁绊牵连（不得脱身），（自我）救度之人便为人间强健的豪雄。（七）

铲除了恶（念）自我救度便是佛，停止了（心念）之处便是清净之志，除去了（对世俗欲望）的饥馑便是习学（佛）法，斩断了六根烦恼便是佛家弟子。（八）

观看人世所为"忍行"是第一等苦行，佛所阐扬的"涅槃"是人生最高境界；抛舍了罪恶愿做修行人，不要加害这种（悔过）之人。（九）

不恶骂也不恼怒，持之以恒奉守戒律，节制饮食舍弃对身体的贪恋，行走在幽静隐蔽之处，心念真谛有所领悟，如此这般便能奉持佛之教诲。（十）

各种恶事切莫去做，各种善事坚决履行；自我净化心中意念，这些均是佛的各种教义。（十一）

佛乃至尊至贵，（已经）斩断烦恼除去淫欲，是救度世人领袖中的最伟大者，统领众生皈依佛教。（十二）

福报来临之时多么欢快呀，所愿之事终有所成；迅速理解最高寂静，自我精进达到涅槃（境界）。（十三）

有的人为求自我救度，树立山川各种神祇，建立庙

宇绘制图像，祭祀诸神以求多福。（十四）

如此这般救度自己，并非吉利上等方法，这些神灵并不能来，救度我等众生之苦。（十五）

如若有人自我救度，佛法之中上等之法众多，仅是"苦集灭道"四圣谛，必然使人获得正等智慧。（十六）

生死的极度痛苦，从真谛处获得救度；救度世间的八种法则，这样才能驱除各种苦（相）。（十七）

自度凭依"佛、法、僧"三宝，最为吉利最为高明；唯独拥有"佛、法、僧"三宝，能够解脱世间一切苦厄。（十八）

士人如若中道直行，专志向道毫不畏缩，自心皈依佛法，这样的人啊一定获得大益。（十九）

明智之人难以遇见，也不能比比皆是；他所生活之处，家族亲人都能承受吉庆。（二十）

许多佛出现令人快乐，述说恒常大道畅快，众人和睦相处欢快，平和相处就能相安无事。（二十一）

23 安宁品

原典

安宁品第二十三+有四章

安宁品者,差次①安危,去恶即善,快而不堕②。

我生已安,不愠③于怨;众人有怨,我行无怨。(一)

我生已安,不病于病④;众人有病,我行无病。(二)

我生已安,不戚于忧;众人有忧,我行无忧。(三)

我生已安,清净无为;以乐为食,如光音天⑤。(四)

我生已安,澹泊无事;弥薪⑥团火,安能烧我?(五)

胜则生怨,负则自鄙⑦,去胜负心,无诤自安。(六)

热无过⑧淫,毒无过怒,苦无过身,乐无过灭。(七)

无乐小乐,小辩小慧⑨,观求大者,乃获大安。(八)

我为世尊⑩,长解无忧,正度三有⑪,独⑫降

众魔。(九)

见圣人快，得依附快，得离愚人，为善独快。(十)

守正道快，巧说法快，与世无诤，戒具常快。(十一)

依贤居快，如亲亲会⑬；近仁智者，多闻高远。(十二)

寿命鲜少⑭，而弃世⑮多；学当取要，令至老安。(十三)

诸欲得甘露⑯，弃欲灭谛快；欲度生死苦，当服甘露味。(十四)

注释

①**差次**：将某某排出先后的次序，好坏的程度。

②**不堕**：不堕落。

③**不愠**：不生气、不发怒。

④**不病于病**：不被各种弊端所侵扰。前一个病字是动词，即为某某所伤害，侵扰而失去健康的心态；后一个病字是名词，即人生的各种缺陷、毛病。

⑤**如光音天**：光音天，乃色界三天之一，即第二、第三禅天，位于无量光天上，少净天之下。此界众生无有音声，用禅定心所发之光明传达彼此之意，故称光音天。

⑥**弥薪**：穷尽所有柴薪。弥，遍、尽也。

⑦**自鄙**：自卑。

⑧**热无过**：无过，不再比某某更甚，下文句式相同；热，此处指热恼，心神不宁。

⑨**无乐小乐，小辩小慧**：不要以小乐、小辩、小慧为乐。

⑩**我为世尊**：此句意思是说，每个人是自足的，不要傍依何物何人。人亦该守独，不要随大流，丧失自我的自主性。"我"是世间至高无上的。

⑪**三有**：即三界，指欲有、色有、无色有。

⑫**独**：守独，坚持自我的自足性、自主性，不为外物他人所惑、所动。

⑬**如亲亲会**：前一个亲字是名词，指亲属、亲人；后一个亲字是副词，直接地、面对面地；会，即是聚会、团聚。

⑭**寿命鲜少**：寿命，即长命、长寿；鲜少，很少；鲜，少也。

⑮**弃世**：指中途离开人间，未能寿终正寝者。

⑯**诸欲得甘露**：许多想要得到如甘露般甜美的佛法之人。

译文

安宁品的大意是:区分平安与危险的具体表征,从而(使人们)远离恶而趋近善,身心欢快但不堕落。

我(佛陀自称)的身心已安定,无怨无怒不动心;尘世庸众多有怨,我行佛道不动嗔。(一)

我的身心已安定,不再病于因缘病;众人皆有(生、老、病、死)四大病,我行佛道无此病。(二)

我的身心已安定,亦无烦恼亦无忧;尘世凡夫烦肠断,我行佛道乐无愁。(三)

我的身心已安定,心灵清净无所作为;以喜悦为食,如同住在光音天。(四)

我的身心已安定,心志淡泊无所事事;即使穷尽人间薪柴聚集火力,又怎能烧着我的身上?(五)

战胜了他人则制造怨恨,被他人击败则生出自卑心理,除去胜负意念,无净无吵乐安静。(六)

热恼莫过于淫欲,歹毒莫过于怒火,最大之苦莫过于有身,极乐之境莫过于涅槃。(七)

勿以世俗小乐为乐,勿求世俗的小辩小慧,当求出世之乐之慧,获此大乐大慧永安康。(八)

"我"乃世间至高无上的尊者,可为众生解脱恼忧,救度凡众出离三界,独力降众多魔军。(九)

见到圣人使人愉快，能够凭依圣人使人愉快，能够远离愚蒙之人，行使善事使人愉快。（十）

坚守正道使人愉快，巧妙阐说佛法使人欢快，与世人无争，守戒之德圆满使人常常愉快。（十一）

依傍贤人结庐而居愉快，仿佛亲族相互聚会；靠近仁人智士，更多地聆听高妙深远之道理。（十二）

长寿之人很少，中途谢世者甚多；学习佛法应当善取精要，使人到老安乐平稳。（十三）

诸位想要获得甘露般甜美的佛法之人，应该抛弃欲望，涅槃之境使人愉快；要想度脱生死苦海，应当常饮甘露般（佛法）之味。（十四）

24 好喜品

原典

好喜品第二十四 +有二章

好喜品者，禁人多喜，能不贪欲，则无忧患。

违道则自顺①，顺道则自违②；舍义取所好，是为顺爱欲。（一）

不当趣③所爱，亦莫有不爱；爱之不见忧，不爱见亦忧。（二）

是以莫造爱④,爱憎恶所由;已除给缚者⑤,无忧无所憎。(三)

爱喜生忧,爱喜生畏;无所爱喜,何忧何畏?(四)
好乐生忧,好乐生畏;无所好乐,何忧何畏?(五)
贪欲生忧,贪欲生畏;解⑥无贪欲,何忧何畏?(六)
贪法戒成,至诚知惭;行身⑦近道,为众所爱。(七)
欲态不出,思正乃语;心无贪爱,必截流⑧渡。(八)
譬人久行,从远吉还⑨,亲厚普安,归来欢喜。(九)
好行福者,从此到彼,自受福祚⑩,如亲来喜。(十)
起⑪从圣教,禁制不善;近道见爱,离道莫亲。(十一)

近与不近,所往⑫者异;近道升天,不近堕狱。(十二)

注释

①**自顺**:自己顺从自己的欲望,感到无所阻碍。

②**自违**:自己跟自己的欲望做斗争。

③**趣**:通趋,趋奉、顺从。

④**造爱**:即造作、生出爱欲、爱心。

⑤**给缚者**:《中华大藏经》作"缚结者",宋本《法句经》作"结缚"者,三种译法均通。意谓世俗界的种种令人迷惑的现象。

⑥**解**：晓悟、明白。

⑦**行身**：即意志和身体。行，意志、意志力。

⑧**流**：意指生命之流。

⑨**从远吉还**：从远处吉祥平安的回到家中。还，回来。

⑩**祚**：福也。

⑪**起**：开初。

⑫**往**：人生的去向、结局。

译文

好喜品的大意是要人们禁绝喜好诸多欲望，能够做到不贪恋欲望，则将没有任何忧愁祸患。

违背大道之人就会顺从自我欲望，顺从大道之意就会跟自我欲望斗争；舍弃道义投取自我嗜好，这便叫作顺从爱意与欲望。（一）

不去会见可爱的人，也不会见不爱的人；不见所爱之人心中忧，见到憎恶之人心亦忧。（二）

因此不要造作、生出爱意，爱（亦是）憎恨厌恶产生的缘由；（既然）已经解除了制造束缚的（使动）者，（也将会）无所忧虑无所憎恨。（三）

爱意与喜好产生忧愁，爱意与喜好产生畏惧；没有任何钟爱任何喜好，哪里会有什么忧愁什么畏惧

呢？（四）

求乐之人多生忧愁，好乐之人多生畏惧；平生不求喜乐事，哪里会有畏惧和忧愁？（五）

贪欲至极便生忧愁，贪婪无厌足便生畏惧；了悟无贪无欲乐，哪里会有什么畏惧和忧愁？（六）

专心佛法戒德成，至诚方知反省人生；矢志持身修佛道，众人爱戴此等人。（七）

欲望之意勿使流露于言行，思想端正然后方才言语；心无所贪亦无爱，定能截断轮回（而出离苦海）。（八）

就像人久客他乡，从远处平安归来，（看到）亲人厚友均皆安好，归来之时皆欢喜。（九）

喜欢造福之人，从今世到后世，自然享受造福的福报，就像亲人远道而来令人欢喜一样。（十）

开初就听从圣人的教导，禁制心中不善的念头；靠近佛道就会被人爱戴，背离佛道将会众叛亲离。（十一）

人生结局各不同，就看他是靠近佛道还是远离佛道；靠近佛道之人可以升入天界，远离佛道之人将会堕入地狱。（十二）

25　忿怒品

原典

忿怒品第二十五 二十有六章

忿怒品者，见嗔恚害；宽弘慈柔，天祐人爱。

忿怒不见法，忿怒不知道①；能除忿怒者，福喜常随身。（一）

贪淫不见法，痴愚意亦然；除淫去痴者，其福第一尊。（二）

恚能自制，如止奔车；是为善御，弃冥②入明。（三）

忍辱胜恚，善胜不善③；胜者能施，至诚胜欺④。（四）

不欺不怒，意不多求；如是三事⑤，死则上天。（五）

常自摄身，慈心不杀；是生天上，到彼无忧。（六）

意常觉悟，明暮⑥勤学；漏尽意解，可致泥洹。（七）

人相谤毁⑦，自古至今；既毁多言，又毁讷䚯⑧；亦毁中和，世无不毁。（八）

欲意非圣，不能制中；一毁一誉，但⑨为利

名。(九)

明智所誉,唯称⑩是贤;慧人守戒,无所讥谤。(十)

如罗汉净,莫而⑪诬谤;诸天咨嗟⑫,梵释所称。(十一)

常守⑬慎身,以护嗔恚;除身恶行,进修德行。(十二)

常守慎言,以护嗔恚;除口恶言,诵习法言。(十三)

常守慎心,以护嗔恚;除意恶念,思维⑭念道。(十四)

节身慎言,守摄其心;舍恚行道,忍辱最强。(十五)

舍恚离慢,避诸爱贪;不着⑮名色,无为⑯灭苦。(十六)

起而解怒,淫生自禁;舍不明健⑰,斯皆得安。(十七)

嗔断卧安,恚灭淫忧⑱;怒为毒本,软意梵志⑲;言善得誉,断为⑳无患。(十八)

同志相近,详㉑为作恶;后别余恚,火自烧恼。(十九)

不知惭愧,无戒有怒;为怒所牵,不厌有务。

（二十）

　　有力近兵②，无力近软；夫忍为上，宜常忍嬴。

（二十一）

　　举众㉓轻之，有力者忍；夫忍为上，宜常忍嬴。

（二十二）

　　自我与彼，大畏有三㉔；如知彼作，宜灭己中。

（二十三）

　　俱两行义㉕，我为彼教；如知彼作，宜灭己中。

（二十四）

　　善智胜愚，粗言恶说；欲常胜者，于言宜默。

（二十五）

　　夫为恶者，怒有怒报；怒不报怒，胜彼斗负。

（二十六）

注释

①**不知道**：不晓得大道。道，人生最高法则。

②**冥**：昏暗。

③**善胜不善**：善最终会战胜不善。

④**欺**：不诚实、欺骗。

⑤**三事**：指不欺、不怒、不多求。

⑥**明暮**：早晨傍晚。

⑦**谤毁**：诽谤诋毁，相互说坏话。

⑧**讷讱**：不善言辞者为讷，说话迟钝者为讱。

⑨**但**：只。

⑩**称**：相符。

⑪**莫而**：没有什么。

⑫**诸天咨嗟**：诸天，佛教特有概念，认为三界共有二十八天，从四天王天到非有想非无想天，总称诸天。咨嗟，感叹并且赞美之。

⑬**常守**：经常地守戒。

⑭**思维**：即思想。

⑮**不着**：不执着、不黏着。

⑯**无为**：无所作为。

⑰**不明健**：无明健，即缺乏智慧的强壮有力。

⑱**恚灭淫忧**：此语颇费解。依上文句法推之，应是恚灭无忧。

⑲**软意梵志**：软意，与怒相对。软意近乎梵志。

⑳**断为**：斩断有为意念之根。

㉑**详**：谨慎、小心，不要冒失。

㉒**兵**：武器，引申为战斗。

㉓**举众**：所有的凡夫。

㉔**大畏有三**：依前文意，三种可畏惧之事物曰痴、曰怒、曰淫。这三种事物都足以引起灾祸。

㉕**俱两行义**：俱，同时拥；两行义，两种相反的价值原则。如同意善，又随顺恶，便是两行义。

译文

忿怒品的大意是说：人若能够看出嗔怒、怨愤的危害性，自持宽宏慈爱柔和之心，则上苍保佑人所共爱。

忿怒（之时）就看不到佛法，忿怒（之时）就不知大道；能够消除忿怒之人，幸福与喜悦常常随身而在。（一）

贪婪淫荡就看不到佛法，痴愚之人也是如此；驱除淫欲赶走痴（意）之人，他所获得的福报为第一等（福报）。（二）

（有）愤怒但能自我控制，犹如止住奔跑中的大车；这样的人可称是善于驾车之人，抛弃了昏冥而进入了光明（之境）。（三）

（人生必须）承受住侮辱战胜愤怒，善（德）最终战胜不善；（真正的胜者）能够博施（恩德），至诚（之德）最终能够战胜欺诈（之行）。（四）

不自欺亦不愤怒，（心）意也不多贪求；能够做到这三件事，死后便可升入天界。（五）

常常自己管束身（心），心怀仁慈不杀生灵；这样的人可以升入天界，直到彼岸亦无忧愁。（六）

意（念）常常明悟事理，朝暮勤恳学习佛法；烦恼消尽意念觉解，（如此）便可进入涅槃（境界）。（七）

人们之间相互毁谤（攻击），从古到今都是如此；既毁谤人们多言，又毁谤木讷寡言；也毁谤中和（君子），世间众生之相无不遭毁。（八）

有心要毁谤圣贤，自然就不能中道而行；人世间的一毁一誉之间，无非都为了利益与名声罢了。（九）

明智（之人）所赞誉的（德与行），只有贤（德）之人与之相符；智慧之人坚守戒律，没有什么（把柄）让人讥毁诽谤。（十）

假如同罗汉般净洁（无垢），就没有什么能让人毁谤了；诸天（之人）为之感叹为之赞美，梵释亦将称誉（罗汉般的净洁）。（十一）

经常守护（意念）谨慎身体之行，从而调伏嗔怒（之心）不起；除去身（心）中的恶行，进而修炼大德品行。（十二）

经常守护（意念）谨慎自己言语，从而调伏嗔怒（之心）不起；除去口中恶毒的言辞，诵读习学佛法言语。（十三）

经常守护（意念）谨慎心（念）所思，从而呵护嗔怒（之心）不起；除去（心）意中的恶毒念头，思维谨以道法为相。（十四）

（使）身行有节言语谨慎，守护管束其心（念）的（活动）；舍弃愤恨踏上"大道"，忍受住侮辱最为坚强。（十五）

舍弃愤怒远离傲慢，避开各种爱意贪欲；不在各种概念表相以及世俗物相上滞黏执着，无所作为便可熄灭人生痛苦。（十六）

开初若能慧解愤怒（的害处），淫欲产生之时自然能够加以控制；舍弃没有智慧武装的世俗刚健（强壮），这些均能获得人生的平安。（十七）

嗔意（已）断则睡卧安稳，愤恨熄灭，淫欲忧愁（也消除殆尽，人生获安）；愤怒（之意）乃是歹毒之本源，柔和之意接近清净之志；言语和善必得赞誉，断然不会遭遇祸患。（十八）

志同道合之人（本来）相互亲近，（却）假装不知故意为恶；后来分别之后留下愤恨，（余恨）之火燃烧自我烦恼不已。（十九）

不知道惭愧，没有（持）戒之德便有怒（意）；人若被怒意牵制，（就）不会满足自我应做之事（而另有他图）。（二十）

有力（之人）容易靠近（械斗之事），无力之人靠近柔和（之心）；只有那忍（的功夫）最为上策，应该常常忍于羸弱的状态之中。（二十一）

大凡众人都轻视这种（人），有力之人忍（受欺侮）；只有那忍最为上策，应该常常忍于羸弱的状态之中。（二十二）

无论是我还是他，最大的畏惧有三种；如若知晓这（三种畏惧）已经萌芽，应当熄灭在自己（心意）之中。（二十三）

同时坚持两种（对立）的义（理），我向这种想法进规一言；如若知晓这种（两行之义）念头已经萌发，应当熄灭在自己（心意）之中。（二十四）

最好的智慧（终能）战胜愚暗，（以及）粗陋语言邪恶说教；想要常常保持胜者（的姿态），应该在言辞方面保持缄默。（二十五）

那些作恶之人，怒行之后必有怒报；怒行若不遭遇怒的回报，那么要战胜他人（必然以争斗决出胜负）。（二十六）

26　尘垢品

原典

尘垢品第二十六十有九章

尘垢品者，公别①清浊，学当洁白，无行污辱②。

生③无善行,死堕恶道;往疾无间④,到无资用。(一)

当求智慧,以然意定;去垢勿污,可离苦形⑤。(二)

慧人以渐⑥,安徐精进;洗除心垢,如工炼金。(三)

恶生于心,还自坏形,如铁生垢,反食其身。(四)

不诵为言垢,不勤为家垢,不严为色垢⑦,放逸为事垢。(五)

悭为惠施垢,不善为行垢;今世亦⑧后世,恶法为常垢。(六)

垢中之垢,莫甚于痴;学当舍恶,比丘无垢。(七)

苟⑨生无耻,如鸟长喙;强颜耐辱,名曰秽生。(八)

廉耻虽苦,义取清白,避辱不妄,名曰洁生。(九)

愚人好杀,信无诚实,不与而取,好犯人妇。(十)

逞心犯戒,迷惑于酒;斯人世世,自掘身本。(十一)

人如觉是⑩,不当念恶,愚近非法,久自烧没。(十二)

若信布施,欲扬名誉,贪人虚饰,非入净定。(十三)

一切断欲，截意根源，昼夜守一，必入定意！（十四）

着欲为尘[11]，从染尘漏[12]；不染不行，净而离愚。（十五）

见彼自侵[13]，常内自省；行漏自欺，漏尽无垢。（十六）

火莫热于淫，捷莫疑[14]于怒；网莫密于痴[15]，爱流驶[16]于河。（十七）

虚空无辙迹，沙门无外意；众人尽乐恶[17]，唯佛净无秽。（十八）

虚空无辙迹，沙门无外意；世间皆无常，佛无我所有[18]。（十九）

注释

①**公别**：《中华大藏经》、宋本《法句经》均写作分别，依文意当作"分别"。

②**污辱**：污秽耻辱。

③**生**：活着的时候。

④**往疾无间**：无间，指犯有五逆罪者，其所作之业导致无间地狱之苦果。堕入地狱称为无间业。

⑤**苦形**：苦态，如老苦、病苦、离别苦、爱不得苦等等形态，简称苦形。

⑥渐：慢慢地浸染、熏陶。

⑦色垢：指身体处于污秽之中。

⑧亦：和，连词。

⑨苟：苟且。

⑩觉是：对这些有所醒悟。是，这些，指上文所说的道理。

⑪着欲为尘：执着于欲望便是尘俗生活。

⑫从染尘漏：顺从世俗的各种影响便会有尘世之烦恼。

⑬自侵：各自互相残害，与"自寇"意相同。《庄子·人间世》："山木自寇也，膏火自煎也。"

⑭疑，《中华大藏经》、宋本《法句经》均写作"疾"。今依"疾"，全句意通。捷莫疾于怒，意谓愤怒情绪来势敏捷，速度最快，没有什么东西能比得上这种心理变化的速度。

⑮痴：是意识高度密集，集中关注某一对象，故以网喻。

⑯驶："快"之异体字。

⑰乐恶：以恶为乐。

⑱我所有：全称"我所有之观念"，简称我所有。即是我之所有、我之所属意。佛教把自身看作我，自身以外之物皆为我所有。而我与我所则被认为是与一切世俗分别的基本分别，所以为破除的对象。

译文

尘垢品的大意是公开分别清（行）与浊（行）的不同，学习（佛法）应当洁白无瑕，不要做出一些污辱之事。

活着时没做一件好事，死后就会堕入恶道（之中）；（生命）迅速地向地狱靠近，一旦堕入地狱就只有受苦受刑。（一）

应当追求智慧，以正确的意（念）安定（其心）；除去污垢勿要污染，可以远离诸种苦相。（二）

智慧之人渐次地修行，安稳徐缓精进助善；洗除心（念）中污垢，犹如工匠锻炼金子一样（使之纯净）。（三）

恶（念）生于心中，结果还是自坏其身，犹如白铁生锈，反而自己吞食自身。（四）

不诵（佛经）便是言语污垢（不净），不勤劳（持家）便是家庭污垢（不净），不严格守戒便是身处污垢之中，放纵自己行为便是众多污垢事件之一。（五）

悭吝便是惠施（品德）之污垢，不善之行便是（人的）品行之污垢；当今之世及至后来之世，恶法总为恒常的污垢。（六）

污垢之中的污垢，没有超过痴（意）之污垢了；学

习（佛法）应当舍弃恶（念），比丘是没有（任何）污垢的人。（七）

苟且（偷生）就会没有廉耻，就像鸟儿长了张长嘴（随意诋毁他人）；强作（欢）颜忍受屈辱，（这样的人生）可以称之为污秽的人生。（八）

廉正有耻即使（清）苦，（但于）道义而言则清清白白；避开屈辱不生虚妄（之言），（这样的人生）便可称之为干净的人生。（九）

愚暗之人喜欢杀生，没有一点诚实品德；不去施与却要妄取，喜欢骚扰他人之妇。（十）

放纵心意违犯戒律，迷惑于酒（醉）之中；这等人世世代代，都在自我挖掘毁灭生命之根本。（十一）

人们若能觉悟这种道理，不再去以恶为念，愚暗就十分靠近非法之境，久而久之就自然焚烧毁灭。（十二）

假如相信布施（行为），是要宣扬自己的名誉，贪婪之人（就会）虚饰其行，并不能够进入清净安定之境。（十三）

斩断一切欲念，截断妄意之根源，昼夜持守一心，必然进入禅定（的意念）。（十四）

黏着于欲望便是尘世心态，顺从世俗之习便会生出烦恼；不被世俗所染不为世俗之行，（心意）清净从而远离愚暗。（十五）

看见人们相互攻伐，常常应当自我反省；意根烦恼就会自我侵伐，烦恼除尽就没有世俗污垢。（十六）

（即使是）火也比不上淫欲（之火）燥热，再快的速度也比不上怒意（迅速地引发）出横祸；所有的罗网比不上痴意之细密，爱意流淌的速度甚于流淌的河流。（十七）

（心灵）虚空门外就没有（送往迎来）的大车印痕，沙门之辈（心中）就会除却各种妄念；庸凡众生都以恶（行）为乐，只有佛清净没有污秽。（十八）

（心灵）虚空门外就没有（送往迎来）的大车印痕，沙门之辈（心中）就会除却各种妄念；世间一切都是无常不定，佛已破除了对我之所有的执着。（十九）

27　奉持品

原典

奉持品第二十七＋有七章

奉持品者，解说道义，法贵德行，不用贪侈。

好经道①者，不竞于利；有利无利，无欲不惑。（一）

常愍好学，正心以行，权怀②宝慧，是谓为道。（二）

所谓智者，不必辩③言；无恐无惧，守善为智。（三）

奉持法者，不以多言；虽素④少闻，身依法行；守道不忘，可谓奉法。（四）

所谓长老，不必年耆⑤；形熟发白，蠢愚而已。（五）

谓怀谛法，顺调慈仁，明达清洁，是为长老。（六）

所谓端正，非色如华；悭嫉虚饰⑥，言行有违。（七）

谓能舍恶，根原⑦已断，慧而无恚，是谓端正。（八）

所谓沙门⑧，非必除发；妄语贪取，有欲如凡。（九）

谓能止恶，恢廓弘道⑨，息心灭意，是为沙门。（十）

所谓比丘，非时⑩乞食；邪行望彼，称名而已。（十一）

谓舍罪福，净修梵行，慧能破恶，是为比丘。（十二）

所谓仁明，非口不言；用心不净，外顺而已。（十三）

谓心无为，内行清虚，此彼寂灭⑪，是为仁明。（十四）

所谓有道，非救一物；普济天下，无害为道。（十五）

戒众不言，我行多诚；得定意者，要由闭损⑫。（十六）

意解求安，莫习凡夫；使给⑬未尽，莫能得脱。（十七）

注释

①经道：即佛之教法。

②权怀：《中华大藏经》作拥怀，即拥有之意。

③辩：分别、区别、区分。

④素：平常、平时。

⑤年耆：年高、年龄大。耆，六十岁。

⑥悭嫉虚饰：悭吝、嫉妒、虚妄、矫饰。

⑦根原：指人的六种根性，这六种根性是产生苦恼、愤怒、痴嗔之根源。

⑧沙门：出家僧人谓之沙门。

⑨恢廓弘道：心胸宽广，弘大道之精义，向全社会张扬大道之威力。弘，拓宽。

⑩时：按时。

⑪此彼寂灭：此彼，承上文应指心和行。心寂行灭，心无妄念，意根清净，便是仁明之士。

⑫要由闭损：由，缠过；闭损，即关闭各种妄意，减少各种欲望。

⑬使给：《中华大藏经》、宋本《法句经》均作使结。此依"使结"之意。使，人生之义务、责任；结，情结；使结，尘世的各种念头。

译文

奉持品的大意是解说大道之精义，告诉人们学习佛法之人要重视品德，不要贪婪奢侈。

爱好佛法之人，不与他人竞夺利益；不在乎有利还是无利，因为无欲故尔不惑。（一）

常常努力地学习（佛法），端正心念从事修行，怀抱佛教出世的最高智慧，这便称之为修行佛道。（二）

所谓智慧之人，不必以辩才显示（能力）；无有恐怖没有畏惧（之事之物），坚守善（的律令）便是智慧之人。（三）

奉持佛法之人，不以多言（著称）；即使平常很少闻听（佛法之言），（只要）身（心）依照佛法修行即可；坚守佛道永远不忘，这样便可以叫作奉持佛法。（四）

（我们）所说的长老，不必定是年长（之人）；（如若只是）外表成熟头发花白而缺乏智慧，这种老者只是愚蠢的匹夫而已。（五）

（我们只是）称呼那些胸怀真谛佛法，行慈为仁心调顺，明智通达心清净（之人）为长老。（六）

（我们）所讲的端正，并不是外表美如华容；（如果内心）悭吝嫉妒（外表）虚华矫饰，其言其行必然有违

（佛法）。（七）

（我们是）说能够舍弃恶（念），痴嗔贪根已斩断，智慧并且无愤恨，此等之人谓端正。（八）

（我们）所说的沙门，并不一定是指那些剃发之辈；（虽然剃发，却）随便胡说贪婪摄取，心存欲望如同庸凡之人（亦非沙门）。（九）

（我们）是指能够止住（心中）恶念，恢宏廓大正道，停息心（中）杂念灭除（诸多）意欲（之人），这（等人）才是真正的沙门。（十）

（我们）所认为的比丘，并不是指（那些）按时乞讨之辈；（如若此辈）行为邪僻，（那么）便仅仅是拥有比丘的空名而已。（十一）

（我们）是指能够舍弃罪恶与福报，净心修清净之行，智慧有力破除恶念，这便是真正的比丘。（十二）

（我们）所说的仁慈明达，并不是指口不言语；（如若）内心并不清净，那仅是外表和顺而已。（十三）

（我们是）指心念无为（之道），内思出离意清虚，六根清净妄念寂灭，这样才可称之为仁明。（十四）

（我们）所说的有道（之行），并不是指拯救某一具体的生命；（而是指）普济天下（苍生），无害于万物便是有道。（十五）

使众人持守戒律勿须多言，我自身行为诚实无欺即

可；要想获得禅定意念之人，必须通过关闭（心念）减损意欲开始。（十六）

心意了悟就可求得人生安乐，切勿学习庸凡之人所为；施给束缚的（意念）没有解悟彻底，（那么）没有谁能在这种人生状态下得以超脱（尘世苦恼）。（十七）

28 道行品

原典

道行品第二十八二十有八章

道行品者，旨说大要，度脱之道，此为极妙。

八直①最上道，四谛②为法迹，不淫行之尊，施灯必得明！（一）

是道无复畏，见净乃度世；此能坏魔兵，力行灭邪苦。（二）

我已开正道，为大现异明；已闻当自行，行乃解邪缚。（三）

生死非常苦③，能观见为慧；欲离一切苦，行道一切除。（四）

生死非常空，能观见为慧；欲离一切苦，但当勤行道。（五）

起④时当即起,莫如愚覆渊⑤;与堕与瞻聚,计疲不进道。(六)

念应念则正,念不应则邪;慧而不起邪,思正道乃成。(七)

慎言守意正,身不善不行;如是三行⑥除,佛说是得道。(八)

断树无⑦伐本,根在犹复生;除根乃无树,比丘得泥洹。(九)

不能断树⑧,亲戚相恋;贪意自缚,如犊⑨慕乳。(十)

能断意本,生死无疆⑩;是为近道,疾⑪得泥洹。(十一)

贪淫致老,嗔恚致病,愚痴致死,除三得道。(十二)

释前解后⑫,脱中⑬度彼;一切念灭,无复老死。(十三)

人营⑭妻子,不观病法;死命卒至⑮,如水湍骤。(十四)

父子不救,余亲何望?命尽怙亲,如盲守灯。(十五)

慧解是意,可修经戒;勤行度世,一切除苦。(十六)

远离诸渊,如风却云;已灭思想,是为知见⑯。(十七)

智为世长⑰,悇乐无为;知受正教,生死得尽。(十八)

知众行空,是为慧见;疲厌世苦,从是道除。(十九)

知众行苦,是为慧见;疲厌世苦,从是道除。(二十)

众行非身⑱,是为慧见;疲厌世苦,从是道除。(二十一)

吾语汝法,爱箭为射⑲;宜以自勖⑳,受如来言。(二十二)

吾为都已除,往来生死尽;非一情以解,所演为道眼。(二十三)

驶流注于海,潘水漾疾满㉑;故为智者说,可趣服甘露。(二十四)

前未闻法轮㉒,转为哀众生;于是奉事者,礼之度三有。(二十五)

三念㉓可念善,三亦难不善;从念而有行,灭之为正断。(二十六)

三定㉔为转念,弃猗行无量;得三三窟除,解结可应念。(二十七)

知以戒禁恶，思维慧乐念；已知世成败，息意一切解。（二十八）

注释

①**八直**：即八正道。指正见、正思维、正语、正业、正命、正精进、正念、正定。

②**四谛**：即苦、集、灭、道，佛教对人生特殊意义之认识。

③**非常苦**：即无常之苦。下文非常空，其义相同。

④**起**：从世俗迷惑之中走出来，这便如人睡而醒，故曰起。

⑤**覆渊**：走进深渊。覆，翻也、栽倒。

⑥**三行**：即慎言、守意正、身不善不行三行。

⑦**无**：没有。

⑧**不能断树**：此为譬喻之语，指不能斩断意识之树根，割断对尘世依恋之情根。

⑨**犊**：小牛。

⑩**无疆**：无边、无限。

⑪**疾**：迅速。

⑫**释前解后**：理解前因后果，彻悟人生因与缘之关系。

⑬**脱中**：前句之意，此"中"乃指前与后之间的时

间段,即此生、现世。脱中,从现世中解脱出来,从而超度此岸而进入彼岸。

⑭**营**:经营、细心照顾、关照。

⑮**卒至**:即猝至、突然降临。

⑯**知见**:依自己之思虑分别而立之见解,曰知见。

⑰**智为世长**:智慧是世间最重要的。长,第一。

⑱**众行非身**:依上文应为知众行非身;非身,否定自我。众行不遵佛法于身有害,而众人不知,故曰众行非身。

⑲**爱箭为射**:被爱箭所射。为,被也。

⑳**自勖**:即自我勉励。勖,勉励、努力。

㉑**潘水漾疾满**:潘水,水名,在今天河南省荥阳境内。漾,古水名,是汉水的源头。见《辞海》"漾"字条全句意为:潘水和漾(水)虽然不像一般河流驶入大海,但也常常易于涨满,言下之意说易到极限、边界,与上句意同,生命易尽。

㉒**法轮**:即佛法,是佛法的别称。它有两种解释,一是说佛法力量甚大,如轮王之轮宝,能摧毁山岳岩石一般,摧破众生之恶业;一是说佛说法如车轮辗转,不滞留一处一人而代有传人,处处传人,故称"法轮"。

㉓**三念**:即念佛、念法、念僧。

㉔**三定**:又译作三昧,是禅定的异称,它意指心体

寂静，离于邪乱，称之为三昧。三昧又有有漏、无漏之分，有漏定为三三昧，无漏定为三解脱门。另，又作三等至。其意皆指心体寂静，离于邪乱，不过在性质上有味、净、无漏等三种区别。

译文

道行品旨在阐述人生的根本要义，在各种解脱的方法中，此品所说的道理最为精妙。

"八直"是最上等大道，"四谛"是（佛）法之真迹，不淫是诸行之中至上法宝，布施灯火必然获得光明。（一）

（拥有）这种法则不再有所畏惧，知见已经（清）净便可摆脱世俗羁绊；（拥有）此（道）可以破击魔兵（的攻击），尽力践行（此道）就可以灭除邪恶痛苦。（二）

我（佛）已经开启了正道，（已经）为（世人）大放异样光明；已经闻听了（此道的人）应当自我践行，践行（此道）便可解脱邪念的捆缚。（三）

生死（之苦）乃是因为不能永恒而导致的痛苦，能够观察到此种苦（相）便是智慧的人；要想远离一切尘世苦难，力行正道一切苦难均会解除。（四）

生死（之空）乃是因缘离散无自性，能够看穿（生

死空相）便是智慧的人；要想远离一切尘世苦难，就应当勤勉地践行八正道。（五）

能够从世俗的泥潭中站起来的时候应当立即站起来，不要像愚暗之人掉进深渊；随同堕落与瞻前顾后的人相处相聚，思虑疲惫难以精进走进"道"的境界。（六）

念与念相应则（品行）端正，念与念不相应则（德行）易邪；（拥有）智慧则不起邪（念），思念八正道则道（行）成功。（七）

谨慎言语护守意念归于端正，身处不善之境就不行动；若能具有这样三种品行，（我）佛认为这种做法已经得道。（八）

砍伐树木（若不）掘出树根，树根在地仍然可以再生新苗；清除树根就不再产生树（苗），比丘（因斩断意念大树之根）便可以进入涅槃境界。（九）

不能斩断树根，亲戚相互挂念；贪恋之意自然绑缚（人心），犹如牛犊贪慕母乳不肯相舍。（十）

能够斩断意（欲）之根，生死（之期）就会无边无际；这样便是接近大道，迅速进入涅槃境界。（十一）

贪婪淫荡令人速老，嗔怒愤恨令人生病，愚暗痴心令人致死，除去贪、嗔、痴，便可获得八正道。（十二）

消除以前业障解开以后过结，解脱心中烦恼进入彼

岸；一切尘世意念熄灭，不再产生老与死的种种痛苦。（十三）

人们精心地照料妻子儿女，看不出（万物均将）坏死的趋势；死神突然降临之时，犹如急湍流水突然而至。（十四）

（命尽）父与子互不能救，其他亲戚又有何指望？生命将尽而想依靠亲人，就像盲人空守灯火（毫无用处）。（十五）

若能慧解这些道理，即当修习佛教的戒律；勤于修行度脱世人，一切痛苦皆可消除。（十六）

远离各种烦恼的渊薮，就像大风卷走云朵；如若彻底地熄灭思想，这样便可称作有了知见。（十七）

智慧是世间第一等重要（价值），安于无所作为的状态；知道接受端正教义，生死（之苦可以）超脱干净。（十八）

知道尘世所作所为皆空幻，这便是智慧之见；厌倦人世间种种苦恼，从此便可消除（世俗之苦的束缚）。（十九）

知道庸众所为是"苦"，这便是智慧之见；厌倦人世间种种苦恼，从此便可消除（世俗之苦的束缚）。（二十）

知道庸众所为皆是于身有害，这便是智慧之见；厌

倦人世间种种苦恼，从此便可消除（世俗之苦的束缚）。（二十一）

我告诉你们（佛）法，"爱"是离弦之箭（快利无比）；人们应当自我拯救，接受如来的劝说。（二十二）

我的所有行为都已除去了（世俗的牵挂），来来往往的生死之念消除殆尽；并不是以某种专一的感情（关注）来解脱（世俗的其他杂念），（我所）阐释宣演的都是大道的（关键）之义。（二十二）

快速流动的河水注入大海，潘水和漾水也会迅速地涨满；所以向有智慧（之根）的人说法，可以趋奔饮服如同甘露般甜美的佛法（以免生死之苦）。（二十四）

前世没有聆听过佛法（的教诲），（今生）迅速地转化为可哀的芸芸众生；因此奉事（佛法）之人，学习（佛法）可以度脱三界的（苦恼）。（二十五）

三种念头是以善为念的（内容），三种念头也很难不以善为内容；由念开始方才有行（动），熄灭（各种邪念）便是真正的解脱进入涅槃。（二十六）

"三定"便是转变意念，抛开了倚赖之心其（福）无量；获得"三定"则贪、嗔、痴便可驱除，解开了怨结便可以使意念端正以佛、法、僧三宝为念。（二十七）

知道凭依戒律来禁制恶（的倾向），思想只有以智慧保证才能以心念为乐（不为杂念烦恼）；既然已经知

晓世间成败之道理，熄灭一切妄意，所有束缚终将解脱。（二十八）

29 广衍品

原典

广衍品第二十九 +有四章

广衍品者，言凡善恶，积小致大，证应章句①。

施安虽小，其报弥大；慧从小施，受见景福②。（一）

施劳于人，而欲望祐；殃咎归身，自遘广怨③。（二）

已为多事，非事亦造④；伎乐放逸，恶习日增。（三）

精进惟行，习是舍非，修身自觉，是为正习。（四）

既自解慧，又多学问；渐进普广，油酥⑤投水。（五）

自无慧意，不好学问；凝缩狭小，酪酥⑥投水。（六）

近道名显，如高山雪；远道暗昧，如夜发箭。（七）

为佛弟子，常悟自觉；昼夜念佛，惟法思众⑦。（八）

为佛弟子，常悟自觉；日暮思禅⑧，乐观⑨一心。（九）

人当有念意，每食知自少；则是⑩痛欲薄，节消而保寿。（十）

学难舍罪难，居在家亦难；会止同利难⑪，艰难无过有⑫。（十一）

比丘乞求难，何可不自勉？精进得自然，后无欲于人⑬。（十二）

有信则戒成，从戒多致宝；亦从得谐偶，在所见供养⑭。（十三）

一坐一处卧⑮，一行无放恣，守一以正身，必乐居树间。（十四）

注释

①**证应章句**：证实回应了《法句经》中各章句所说的。

②**受见景福**：受见，回报；景福，大福。

③**广怨**：多方面的怨恨。

④**非事亦造**：非事，不该做的事；造，做，故意生出来。

⑤**油酥**：少数民族用牛羊乳制成的食品，呈液体状态。

⑥**酪酥**：亦是少数民族用牛羊乳制成的食品，呈固体块状。

⑦**思众**：即念僧，专心系想四双八辈之圣众。

⑧**禅**：即寂静审虑之意。此乃因心专注而思维详密的状态。

⑨**乐观**：即观心、观照自己，以期明心见性。

⑩**则是**：以这为标准，为准则。

⑪**会止同利难**：与人相处共谋财利。

⑫**无过有**：没有再超过对有我身的执着。

⑬**无欲于人**：无求于人。

⑭**在所见供养**：在所，在所处之处；见供养，即被供养。

⑮**一坐一处卧**：无论是打坐或处卧，皆守一念而正身心。一，专心致志，毫无杂念。

译文

广衍品的大意是讲：无论善恶（之行），积小成大，最终都会应证《法句经》上所说的道理。

施舍给（他人的）平安即使很小，但这种施舍的福报却是很大；智慧（之人）从小小的施舍开始，最后得到的却是很大的福报。（一）

施加辛劳给别人，却又希望获得保佑；祸殃罪报反归自身，自然广泛地遭遇怨恨。（二）

已经做了很多事情，不该做的事也已做了；耽于俳优所奏之乐放纵心意，（丑）恶习惯与日俱增。（三）

日日精进佛法不止，践行正确（法则）舍弃非法行为，修行身心自我觉解（佛法），这便是端正的践行（之道）。（四）

既然自己悟解了智慧，况且又有广博的学问；渐

渐地进于（大道趋向）普遍广大，好像把油酥投入水中（慢慢地水乳交融）。（五）

自己没有智慧之意，又不喜爱学习请教；（心胸）渐趋凝结紧缩狭窄，就像（煎好的）酪酥投入水（自然沉沦）。（六）

靠近大道声名显赫，犹如高山之雪（远远可见）；远离佛道便会愚蒙，犹如黑夜射箭（无人知晓）。（七）

作为佛门弟子，常常解悟自我的觉醒；昼夜（不停）地念佛，一心以佛法、圣僧为念。（八）

作为佛门弟子，常常解悟自我的觉醒；白天黑夜以禅定为思，乐于观照自我的专心致志。（九）

每当生活饱暖无虞之时，就应自觉地减少食量；按照这一方法实践，痛苦与欲望自然减少，节食可以使人长寿。（十）

学道诚难舍罪亦难，家如火宅居于其中也艰难；合伙谋财更困难，最难莫过有吾身。（十一）

比丘乞食诚尴尬，何不自勉修佛道？精进不止受供养，最终无须求于人。（十二）

信仰坚定戒德成，因戒可得出世宝；小可因此得同道，所到之处皆供养。（十三）

或坐或卧或行走，心定如石不放逸，专心一志求寂灭，必然乐于住树间。（十四）

30　地狱品

原典

地狱品第三十十有六章

地狱品者，道泥犁①事，作恶受恶，罪牵不置。

妄语地狱近，作之言不作；二罪后俱受，自作自牵往。（一）

法衣在其身，为恶不自禁；苟没②恶行者，终则堕地狱。（二）

无戒受供养，理岂不自损？死啖③烧铁丸，然热剧火炭④。（三）

放逸有四事，好犯他人妇，卧险非福利，毁三淫泆四。（四）

不福利堕恶，畏而畏⑤乐寡；王法重罚加，身死入地狱。（五）

譬如拔菅草⑥，执缓则伤手；学戒不禁制，狱录乃自贼。（六）

人行为慢堕，不能除众劳；梵行有玷缺，终不受大福。（七）

常行所当行，自持必令强；远离诸外道，莫习为尘垢。（八）

为所不当为，然后致郁毒；行善常吉顺，所适无悔吝⁷。（九）

其于众恶行，欲作若已作；是苦不可解，罪近难得避。（十）

妄证求赂，行己不正，怨谮⁸良人，以枉治士；罪缚斯人，自投于坑。（十一）

如备边城，中外牢固；自守其心，非法⁹不生；行缺致忧，令堕地狱。（十二）

可羞不羞，非羞反羞；生为邪见，死堕地狱。（十三）

可畏不畏，非畏反畏；信向⁑⁰邪见，死堕地狱。（十四）

可避不避，可就不就；玩习邪见，死堕地狱。（十五）

可近则近，可远则远；恒守正见，死堕善道。（十六）

注释

①**泥犁**：梵语，也作泥黎、泥梨，意译为地狱，是十界中最恶劣的境界。

②**苟没**：苟且地沉沦于，或曰因苟且而沉沦于。

③**啖**：吃、吞。

④**然热剧火炭**：然热，即燃热；剧，熊熊燃烧，火力剧烈。

⑤**畏而畏**：畏而又畏。

⑥**菅草**：多年生草本植物，叶子细长且有一定硬度。

⑦**悔吝**：后悔之意。

⑧**怨谮**：即怨谮，冤枉诬陷。

⑨**非法**：不法，不符合佛法之念头。

⑩**信向**：信仰偏向、执着。

译文

地狱品的大意是讲：地狱中的事情，作恶之人必受恶报，罪恶（报应）牵强附会不得。

谎语欺人死后将堕地狱，已做恶事却说"我未做"；两种罪行后来皆承受，自己造下的罪孽自己牵引自己进入地狱。（一）

（即使）法衣穿于身上，（但是）作恶行为不止；行为苟且甘心隐于种种恶行之中，此人最终将堕入地狱之中。（二）

没有戒德却接受别人供养，（从法）理上讲岂不是自损其德？（这种人）死后生吞炙热的铁丸，（内心痛苦）燥热有甚于燃烧的木炭。（三）

放纵逸乐有四种表现：喜欢侵犯他人之妻女，身处危险之境无福（报），三是诋毁（他人），四是骄奢淫佚。（四）

不做（有）福（有）利（之事），又堕入恶（道），畏而又畏（其实）很少快乐；王法又施加重重责罚，身死之后堕入地狱之中。（五）

就像拔草割草一般，握得不紧就易割伤手（掌）；学习持戒却又不禁制（其欲），（死后）堕入地狱自受恶报。（六）

人的行为若是散漫堕落，就不能驱除众多劳碌；在修（清净行）方面若有缺陷污点，终身都不会享有大福报。（七）

常常做一些应该做的事，自守戒律必然能使自己坚强；远离各种外方（邪）道，不要沾染（外道）以免蒙上污垢。（八）

做了不该做的事，后来必然产生忧郁和痛苦；行善常常大吉顺利，所到之处没有后悔懊恼。（九）

面对各种恶行，想去做或者已经做了；这（样的人）尘世之苦不可解脱，所犯罪恶已经接近难以逃避（惩罚的边缘）。（十）

谎称得道以求他人供养，自己心行不正，却去毁谤好人，此乃用邪道蒙蔽世人；其人将因罪业缚绑，自设

陷阱自投火坑。(十一)

犹如守卫边疆城镇，里里外外都要牢固；正心守意无妄念，非法（之念）便不会产生；品行有缺点将导致忧患，使自己堕入地狱。(十二)

应该感到羞耻的却不（以为）羞耻，不该感到羞耻的却又以之为羞（耻）；（这种人）活着时是被邪见所惑，死后便堕入地狱之中。(十三)

应该恐怖的见着却不恐怖，不应恐怖的见着反而恐怖；人生信仰偏向邪见一边，死后便堕入地狱之中。(十四)

应该避开的不去避开，应该靠近的不去亲近；把玩践行邪僻观点，死后便堕入地狱之中。(十五)

应该亲近的就应亲近，应该远离的就该远离；恒定如一坚持端正见解（观点），死后便进入善道境地。(十六)

31　象喻品

原典

象喻品第三十一十有八章

象喻品者，教人正身，为善得善，福报快焉。

我如象斗，不恐中箭①；当以诚信，度无戒人。（一）

譬象调正②，可中王乘③；调为尊人，乃受诚信。（二）

虽为常调，如彼新驰，亦④最善象，不如自调。（三）

彼⑤不能适，人所不至，唯自调者，能致调方。（四）

如象名财守⑥，猛害难禁制；系绊不与食，而犹暴逸象。（五）

没在恶行者，恒以贪自系；其象不知厌⑦，故数入胞胎。（六）

本意为纯行，及常行所安；悉舍降使结⑧，如钩制象调。（七）

乐道不放逸，能常自护心；是为拔身苦，如象出于塪⑨。（八）

若得贤能伴，俱行行善悍⑩；能伏诸所闻，至到不失意。（九）

不得贤能伴，俱行行恶悍；魔断王邑里⑪，宁独不为恶！（十）

宁独行为善，不与愚为侣；独而不为恶，如象惊自护。（十一）

生而有利安，伴软和⑫为安；命尽为福安，众恶不犯安。（十二）

人家有母乐，有父斯亦乐，世有沙门乐，天下有道乐。（十三）

持戒终老安,信正所正善;智慧最安身,不犯恶最安。(十四)

如马调软⑬,随意所如;信戒精进,定法要具⑭。(十五)

明行成立⑮,忍和意定;是断诸苦,随意所如。(十六)

从是住定⑯,如马调御;断恚无漏,是受天乐。(十七)

不自放逸,从是多悟;羸马比良⑰,弃恶为贤。(十八)

注释

①**不恐中箭**:不怕会被箭射中。

②**调正**:调教驯服,使之能被人驾驭。正,行走规矩而无野性。

③**可中王乘**:中,符合、配得上;王乘,国王所坐的大车。

④**亦**:本意为又。此处为假设条件句之连词,含有即使之意。

⑤**彼**:代指大象。

⑥**财守**:亦作财兽。

⑦**其象不知厌**:那个大象是不知有吃饱的时候的。

譬喻用法，说贪者贪财，如象不知有饱。

⑧**降使结**：即舍弃、降伏了烦恼。烦恼能系缚身心，结成苦果，故称为"结"。被逐于众生界又驱使众生，故称为"使"。

⑨**埳**：即陷的异体字，陷阱。

⑩**悍**：勇敢、强悍、有力。

⑪**魔断王邑里**：魔力垄断国王境内的都市。邑，都市、城市。

⑫**软和**：即和顺。

⑬**调软**：调教得柔顺。

⑭**要具**：最重要的手段、工具、方法。

⑮**明行成立**：意谓人在可以成为佛教教化下的社会化的人，真正超脱了种种苦痛的人。明行，即大智慧流行；成立，即人在世上可以站立、行走。

⑯**住定**：保持住入定之状态。

⑰**羸马比良**：全句意为在羸马与良马之间进行比较而后择良马乘之。羸马，瘦马；良，好马；比，比较。

译文

象喻品大意是教人如何端正身（行），做了好事获得好报，福报来时其速快。

我（若）像（身披铠甲的）大象（参加）战斗，就

不担心被箭射中；应该用"诚信"之法，救度没有戒德的庸众之人。（一）

就像大象被调教得十分端正，可以充当国王乘坐的大车；自己调伏恶念受人尊敬，便是世间诚信之人。（二）

即使大象已驯顺，有时亦会突狂奔；即使象师会御象，哪如大象自御更称心？（三）

大象无法行走处，凡夫之力所不逮；唯有调伏自己身心者，方能到达安乐境。（四）

养象如果是为了存钱财，其凶猛祸害就难以制服；当日后不喂食料时，此象还是变成野象。（五）

沉沦在恶行之中的人，常常被贪婪（之意）自我系绊；其外在表征是不知满足，所以多次地堕入胞胎（在人世间轮回）。（六）

一心一意走正道，德行无亏心平安；世俗烦恼皆舍弃，犹如大象被调伏。（七）

乐于大道之人不会放纵其心，能够坚守佛道调摄妄心；这种做法能够拔除身之苦，就像大象走出了陷阱深坑。（八）

假如能与贤能之人为伴，一起行善并且有力，就能降伏各种所闻的（道理），直到合自己心意。（九）

不能与贤德有能之人结伴而行，在行为中放肆作恶并且有力；在魔力垄断国王的社区采邑之中，宁可独处

（守善）也不要犯下恶行。（十）

宁可独处守善，也不与愚暗之人结为伴侣；独处而不作恶，犹如大象受到惊吓自我保护。（十一）

今生行善利人得安泰，常处和顺得安乐；寿终正寝得福报，不犯众恶得平安。（十二）

母亲健在很快乐，父亲健在亦快乐，世上还有沙门修行乐，整个社会因为有道而安乐。（十三）

持守戒律终老安乐，信念正确之处更是端正善行（所在）；智慧最能安乐身心，不轻易去犯下罪恶最为安乐。（十四）

就像马调教柔顺（之后），随心所欲加以驱使；一以贯之持守戒律精进向上，禅定之法乃为纲要性的工具（手段）。（十五）

智慧的品行修炼成功人生便可站立，忍意致和（心）意可定；这些均能斩断人生各种苦（痛），（能够做到此点）便能随顺心意所到而不犯恶。（十六）

顺从这一法则可以保持禅定（心意），就像马被调教之后戴上御辔（随意驱使）；斩断愤恨之意根消除人生之烦恼，这样便能禀受天界之乐。（十七）

不要自我放纵（心意），顺从（此戒）便可获得各种解悟；就像（舍弃）瘦弱之马择取良马（可以致远），抛弃恶念（恶行）就可以变成贤人。（十八）

32　爱欲品

原典

爱欲品第三十二 三十有二章

爱欲品者，贱淫恩爱；世人为此，盛生灾害。

心放①在淫行，欲爱增枝条；分布生炽盛，超跃②贪果获。（一）

以为爱忍苦，贪欲著③世间；忧患日夜长，莚如蔓草生。（二）

人为恩爱惑，不能舍情欲；如是忧爱多，潺潺④盈于池。（三）

夫所以忧悲，世间苦非一，但为缘⑤爱有，离爱则无忧。（四）

己意安弃忧，无忧何有世⑥？不忧不染求，不爱焉得安⑦？（五）

有爱⑧以死时，为致亲属多；涉忧之长涂，爱苦常堕危。（六）

为道行者，不与欲会，先诛爱本，无所植根；勿如刈苇⑨，令心复生。（七）

如树根深固，虽截犹复生；爱意不尽除，辄当还受苦。（八）

猿猴得离树，得脱复趣树；众人亦如是，出狱复入狱。（九）

贪意为常流，习与憍慢并；思想猗淫欲，自覆⑩无所见。（十）

一切意流衍，爱给⑪如葛藤；唯慧分别见，能断意根原。（十一）

夫从爱润泽，思想为滋蔓；爱欲深无底，老死是用增。（十二）

所生枝不绝，但用食贪欲；养怨益丘冢⑫，愚人常汲汲。（十三）

虽狱有钩鍱⑬，慧人不谓牢；愚见妻子息，染着爱甚牢。（十四）

慧说爱为狱，深固难得出；是故当断弃，不视欲能安。（十五）

见色心迷惑，不惟⑭观无常；愚以为美善，安知其非真。（十六）

以淫乐自裹，譬如蚕作茧；智者能断弃，不盼除众苦。（十七）

心念放逸者，见淫以为净；恩爱意盛增，从是造狱牢。（十八）

觉意灭淫者，常念欲不净；从是出邪狱，能断老死患。（十九）

以⑮欲网自蔽,以爱盖自覆;自恣缚于狱,如鱼入笥口⑯;为老死所伺,若犊求母乳。(二十)

离欲灭爱迹,出网无所蔽;尽道除狱缚,一切此彼解;已得度边行⑰,是为大智士。(二十一)

勿亲远法人,亦勿为爱染;不断三世者,会复堕边行。(二十二)

若觉一切法,能不着诸法,一切爱意解,是为通圣意。(二十三)

众施经施胜,众味道⑱味胜,众乐法乐胜,爱尽胜众苦。(二十四)

愚以贪自缚,不求度彼岸;贪为败爱故⑲,害人亦自害。(二十五)

爱欲意为田,淫怒痴为种;故施度世者,得福无有量。(二十六)

伴少而货多,商人怵惕惧⑳;嗜欲贼害命,故慧不贪欲。(二十七)

心可㉑则为欲,何必独五欲!速可㉒绝五欲,是乃为勇士。(二十八)

无欲无有畏,恬惔无忧患;欲除使结解,是为长出渊。(二十九)

欲我知汝本,意以思想生;我不思想汝,则汝而不有。(三十)

伐树㉓勿休，树生诸恶；断树尽株，比丘灭度。（三十一）

夫不伐树，少多余亲；心系于此，如犊求母。（三十二）

注释

①**心放**：内心欲望驰骋，不加管束。放，纵也。

②**超跃**：踊跃，积极地、努力地。

③**著**：显著、昭著。

④**潺潺**：细流不断。

⑤**缘**：谓人心识攀缘于一切之场界。

⑥**何有世**：意为"哪里还有来世的轮回呢？"

⑦**不爱焉得安**：宋本《法句经》作"不爱焉得世"。如果没有爱意，哪里还有对世界的执着？依宋本句似可解通。若依原句，则疑有讹脱、误译之可能。

⑧**有爱**：《中华大藏经》写作"有忧"，宋本《法句经》写作"有爱"。因爱而生忧，有忧源于爱，故意皆相同。

⑨**芋**：卢苇，割其苗而不掘其根，极易再生。譬喻用法。《那先比丘经》有"譬如刈麦"之句，意同。

⑩**自覆**：自我遮蔽、自我蒙蔽。

⑪**爱给**：《中华大藏经》作"爱结"，宋本《法句

经》亦作"爱结"。

⑫**益丘冢**：增加更多的死于爱欲之坟墓。意即指爱欲徒使人沉沦于死亡。

⑬**钩鍱**：钩鍱，即是两种不同的刑具，以刺伤肉体为功能。鍱，一种被锻炼得很薄的金属片。

⑭**不惟**：不专心于。

⑮**以**：因为。

⑯**人笱口**：当作"入笱口"。《中华大藏经》、宋本《法句经》皆作"入笱口"。笱，捕鱼的一种竹器，口大颈小，且颈部有逆刺式的竹芒，鱼可顺利进去而不能脱出。

⑰**边行**：即边罪之行的省称。佛教戒律中有边罪，即僧人犯淫、盗、杀人、大妄语四种大罪，犯此四种罪恶之人是佛海边外之人，不堪重入佛门净土。

⑱**味道**：体味大道。味，亲自体验、实践。

⑲**败爱故**：宋本《法句经》作"财爱欲"。依上下文意，宋本更合理。

⑳**怵惕惧**：小心谨慎、提心吊胆。怵，惊怖。

㉑**心可**：心中想要。可，同意，以某某为可，赞同某物。

㉒**速可**：《中华大藏经》写作"违可"。依上下句文

意,当作"违可",即违背自己心中的世俗意愿而正之以佛法。

㉓**伐树**:譬喻句,伐意识、意念之树。

译文

爱欲品大意是教人鄙薄淫欲、恩爱之情;尘世之人因为这些淫欲恩爱情感,制造出很多的灾祸。

心意放纵在淫佚的行为上,欲爱就会生出枝枝条条;遍布生长愈加炽烈繁盛,犹如猿猴在林中上下跳跃贪求各种果实。(一)

把对爱意忍受的行为看作是(人生)苦楚,(因而)贪婪的欲望在人世愈加昭著明显;各种忧患(因此)日夜生长繁殖,蔓延无际犹蔓草随地而生。(二)

人们被恩爱迷惑,不能抛舍情感欲望;因此忧愁爱恋之意很多,就像潺潺细流渐渐充盈池塘(忧爱充盈心中)。(三)

这便是产生忧愁悲伤的原因,世间各种苦痛原因不一,但根本的原因都是由于爱(意)(引起的),远离爱(意)就没有忧愁。(四)

自己(心中)意念安定可以抛弃忧愁,没有忧愁哪里还有什么来世的(轮回)?(如若)不是没有忧愁,没有染于世俗贪求,没有世人恩爱,哪里获得人生安

宁?(五)

有爱之人临死时,将会导致众多亲戚(忧愁);跋涉于忧愁的漫漫长途,恩爱之苦常使人堕入危险之境。(六)

修行大道品行之人,不与欲望聚会,首先诛伐爱意之根,使其无所生根之处;切勿像刈割芦苇(一样),使其心念再度萌生。(七)

(爱意)犹如树根深固,即使截断树根还会再生新苗;爱意若不连根除尽,往往就会重新遭受爱意之苦。(八)

猿猴得以离开树上,(但是刚刚)脱离树上又会再上树来;庸众之人也如猿猴一样,走出(此爱的)牢狱又进(彼爱的)牢狱。(九)

贪婪意(识)是常流之水,憍慢习气也是这样;思想若被淫欲纠缠,自己遮蔽心灵就不见佛道。(十)

所有的妄念都会长流蔓衍,爱意犹如葛蔓藤萝(随处攀缘);只有智慧能够分辨区别地看待(万物),能够斩断情思的根源。(十一)

那些受爱意滋润泽被(之人),其思想必然滋生枝蔓;爱意之欲深而无底,它是老死之根源。(十二)

生生死死枝蔓不绝,都只因为贪婪逞欲;育养怨意徒增坟冢,愚蒙之辈忙忙碌碌。(十三)

即使地狱之中有钩鍱（等刑具），智慧之人并不因此谓之牢狱；愚暗之人看到妻子儿女，爱意的束缚甚于牢狱的囚禁。（十四）

智慧之人认为爱意便是地狱，深沉无底牢固难逃；因此应当斩断抛弃（爱意），除去贪爱欲望就能获得安宁。（十五）

看见美色心就易被迷惑，岂知世事皆无常；愚蒙之人只知色貌美，哪里知道它们并不真实！（十六）

自陷于淫乐之中，就像蚕儿作茧自缚；智慧之人能够斩断抛弃淫乐，瞬息之间便能驱除各种苦恼。（十七）

心念放纵逸荡之人，看见淫欲以为清净；恩爱之意由此更加迅猛增长，从此自己为自己造下地狱因。（十八）

要想断灭欲念之人，应常观身不净；从不净之处入手可以脱身邪地，便能斩断老死的忧患。（十九）

以欲为网自我蒙蔽，以爱为盖自我遮覆；自我放纵犹如自己捆缚自己进入地狱，就像鱼儿进入笱簍之中（不复得出）；人若被衰老与死亡所窥伺，就会像小牛寻求母乳一般急急慌慌。（二十）

远离欲望熄灭爱意轨迹，走出欲网就无所遮蔽；完全符合大道要求便可解除牢狱捆缚，所有的彼此对立都将消解；已经能够救度边罪的品行，便是大智（大慧）

之士。(二十一)

不要亲近远离佛法之人,也不要受爱意浸染;不能斩断"三世"(情缘)之人,一定将会再次堕入边罪之中。(二十二)

如若觉解了一切(佛)法,又能不黏着滞留于诸法(之义),所有的爱意全部放下释解,这样便是与圣人之心相通。(二十三)

所有的布施中佛教真理的布施最殊胜,所有的味道中真理的法味最为殊胜,所有的乐中真理的法乐最为殊胜,一切苦中以灭除爱欲最为殊胜。(二十四)

愚暗之人因为贪心而自我束缚,不去寻求超度此岸进入彼岸;贪心是使爱意破毁的原因,既害他人又害自己。(二十五)

爱欲是以意(根)作为田地,以淫、怒、痴为种子;所以布施(财物)给救度世人之人,将会获得无法计量的福报。(二十六)

出门伙伴很少而货物很多,经商之人心内怵惕恐惧;酷嗜欲望就会贼害性命,所以智慧之人从不贪求多欲。(二十七)

心起欲相则欲现,何必色香五种欲!如能速断五种欲,便是世间真勇士。(二十八)

没有欲望没有三界烦恼,心意恬淡安然就没忧愁祸

患的缠绕；如使烦恼消除尽，这样便可永远地走出生死之渊。(二十九)

我知欲的真正源头，乃由意根的无端妄想而生；我若不以假有为真，情欲幻相将自行消灭。(三十)

砍伐（意识之）树不要停歇，（因为）意识之树产生各种恶（行）；彻底斩断意识的树根，（因为）比丘所追求的乃是涅槃之境。(三十一)

那些不去砍伐（意识之）树（之人），多多少少都残余各种亲（情）；心（念）系缚在亲情之上，就像牛犊寻求母乳（贪恋依靠，不能自立）。(三十二)

33 利养品

原典

利养品第三十三 有二十章

利养品者，励己防贪，见德思义，不为秽生。

芭蕉以实死[①]，竹芦实亦然，䭷䮫坐妊死[②]，士以贪自丧。(一)

如是贪无利，当知从痴生；愚为此害贤，首领[③]分于地。(二)

天雨[④]七宝，欲犹无厌；乐少苦多，觉者为贤。(三)

虽有天欲,慧舍无贪;乐离恩爱,为佛弟子。(四)

远道顺邪,贪养比丘,止有悭意,以供彼姓。(五)

勿猗此养,为家舍罪,此非至意,用用⑤何益?愚为愚计,欲慢用增。(六)

异哉失利,泥洹不同;谛知是者,比丘佛子,不乐利养,闲居却意。(七)

自得不恃,不从他望;望彼比丘,不至正定。(八)

夫欲安命,息心自省,不知计数⑥,衣服饮食。(九)

夫欲安命,息心自省,取得知足,守行一法。(十)

夫欲安命,息心自省,如鼠藏穴,潜隐习教⑦。(十一)

约⑧利约耳,奉戒思维;为慧所称,清吉勿怠。(十二)

如有三明⑨,解脱无漏,寡智鲜识,无所忆念。(十三)

其于饮食,从人得利;而有恶法,从供养嫉。(十四)

多结怨利⑩,强服法衣,但望饮食,不奉佛教。(十五)

当知是过,养为大畏,寡取无忧,比丘释心⑪。(十六)

非食命不济,孰能不搏食⑫?夫立食为先,知是不

宜嫉。（十七）

嫉先创己⑬，然后创人；击人得击，是不得除。（十八）

宁啖烧石，吞饮镕铜？不以无戒，食人信施⑭。（十九）

注释

①**以实死**：因为结了果实而死亡。

②**駏驉坐妊死**：駏驉，兽名，似马，可供乘骑。又可写作巨虚、岠虚、距虚。坐妊，生崽。

③**首领**：即头颅。

④**雨**：像落雨般地降下。

⑤**用用**：一用而再用，反反复复。

⑥**计数**：计较。

⑦**习教**：反复温习佛之教诲。

⑧**约**：约束、管束。

⑨**三明**：对痴、嗔、贪三者有透彻的认识，曰三明。

⑩**怨利**：即怨愤与贪利。

⑪**释心**：放下心中之所忧，自然而然地修持。

⑫**搏食**：努力地获取食物。

⑬**创己**：伤害自己。

⑭**信施：** 即信仰佛教之人向佛、法、僧三宝所施之财物。

译文

利养品的大意是：砥砺自己防止贪欲，向德看齐，以义为思，不使自己一生蒙受污秽。

芭蕉因为果实之累而死亡，竹子芦苇也是这样，䮫䮬因为生产小崽而死，士人因为贪图（功名）自趋死亡。（一）

如是看来贪（婪）并没好处，应当知道（贪婪）是从痴愚而产生的；愚暗之人因为贪婪而残害贤人，（结果）自己身首分离（悲惨而死）。（二）

苍天像下雨一样降下七种宝物，贪欲之人仍然不能满足；（世俗世界本来）欢乐很少而苦痛极多，能够知觉这一道理便是贤者。（三）

即使有天（界的）享受，智慧之人也舍弃而无贪恋之意；快乐地离开恩恩爱爱，便能成为佛门弟子。（四）

远离佛道顺从邪恶，内心贪婪却又供养比丘僧，只有悭吝之意，此乃供养他姓之人而已。（五）

不要倚靠此种供养（的福报），为使家人舍弃罪恶，这不是最好的意念，反复使用又有何益？愚暗之人又出愚蠢之计，欲望与堕慢因此（日益）增加。（六）

奇怪呀（这种做法只能）丧失利益，涅槃（境界）与此不同；真正知道这一真理之人，便是比丘，便是佛门弟子；（他们）不乐于得到利益和被别人供养，闲其所居退却意（欲）。（七）

自己救度自己不要依靠他人，不跟随他人所望；仅仅依靠比丘僧来救度之人，不能达到端正的禅定（意念）。（八）

要想安身立命，止息心念自我观省，不知计较衣服的美丑和饮食的精美粗陋。（九）

要想安身立命，止息心念自我观省，获得什么就应知满足，贞守善行一以贯之践行（佛）法。（十）

要想安身立命，止息心念自我观省，犹如老鼠深藏于洞穴，潜隐其身习学佛之教导。（十一）

管束利欲之心的管束（标准），是全面奉守戒律去思考（万相）；受到智慧之人称赞（之后），清净其心保吉勿怠。（十二）

如果具备了"三明"，解脱人生束缚没有任何烦恼，减少离析之智、裁减尘世之识没有什么（值得）忆想、思念。（十三）

对于饮食，顺从信者的布施便能获乐利；可是有一些外道邪佞之徒，从供养之处产生嫉妒。（十四）

怨愤太多又贪利，强行地穿上（和尚的）法衣，

只是盼望（他人供给的）饮食，却不敬奉佛之教导。（十五）

应该知道这是种过错，养欲是一件十分畏惧的事情，少取（之于他人）没有忧愁，比丘（之辈）可以放开心（灵的包袱）。（十六）

人不饮食不能保住生命，谁人能够不为饮食而劳碌？解决饮食供给是人生头等大事，知道此层道理就不应产生妒嫉。（十七）

妒嫉首先损伤自己，然后才能损伤别人；打击他人必遭他人还击，这是不能免除的（报应）。（十八）

（谁能）吃下燃烧的石头，吞饮熔化的铜液？不以无戒（之德），吞食信者向三宝的布施。（十九）

34 沙门品

原典

沙门品第三十四 三十有二章

沙门品者，训以正法，弟子受行，得道解净。

端目耳鼻口，身意常守正；比丘行如是，可以免众苦。（一）

手足莫妄犯，节言顺所行；常内乐定意，守一行寂

然。(二)

　　学当守口,寡言安徐;法义①为定,言必柔软。(三)
　　乐法欲法,思维安法;比丘依法,正而不费②。(四)
　　学无求利,无爱他行;比丘好他,不得定意。(五)
　　比丘少取,以得无积③;天人所誉,生净无秽。(六)
　　比丘为慈,爱敬佛教;深入止观,灭行乃安。(七)
　　一切名色,非有莫惑;不近不忧,乃为比丘。(八)
　　比丘扈船④,中虚则轻;除淫怒痴,是为泥洹。(九)
　　舍五断五⑤,思维五根⑥;能分别五⑦,乃度河渊。(十)
　　禅无放逸,莫为欲乱;不吞镕铜,自恼燋形⑧。(十一)
　　无禅不智,无智不禅;道从禅智,得至泥洹。(十二)
　　当学入空,静居止意;乐独屏处⑨,一心观法。(十三)
　　当制五阴,伏意⑩如水;清净和悦,为甘露味。(十四)
　　不觉所有⑪,为慧比丘,摄根知足,戒律悉持。(十五)
　　生当行净,求善师友;智者成人⑫,度苦致喜。(十六)

如卫师华，熟知自堕；释⑬淫怒痴，生死自解。（十七）

正身正言，心守玄默⑭；比丘弃世，是为受寂。（十八）

当自敕身⑮，内与心争；护身念谛，比丘惟安。（十九）

我自为我，计无有我；故当损我，调乃为贤。（二十）

喜在佛教⑯，可以多喜；至到寂寞，行灭永安。（二十一）

傥有少行，应佛教诫；此照世间，如日无曀。（二十二）

弃慢无余⑰骄，莲华水生净；学能舍此彼，知是胜于故。（二十三）

割爱无恋慕，不受如莲华；比丘渡河流，胜欲明于故。（二十四）

截流自忖⑱，折心却欲；人不割欲，一意犹走。（二十五）

为之为之，必强自制；舍家而懈，意犹复染。（二十六）

行懈缓者，劳意弗除；非净梵行，焉致大宝⑲？（二十七）

沙门何行？如意不禁，步步着黏，但随思走。（二十八）

袈裟披肩，为恶不损；恶恶行者[20]，斯堕恶道。（二十九）

不调难戒，如风枯树；作自为身，曷不精进？（三十）

息心非剔[21]，慢訑[22]无戒；舍贪思道，乃应息心。（三十一）

息心非剔，放逸无信；能灭众苦，为上沙门。（三十二）

注释

①**法义**：以义为准则。

②**不费**：不劳神费力。

③**无积**：没有积累。

④**戽船**：用瓢等舀水用具将船内渗入的水舀出。此处船喻人的身体。

⑤**舍五断五**：舍五，舍弃色界五上分结，即色贪、无色贪、掉举、慢、无明。断五，断除欲界的五下分结，即贪欲、嗔恚、有身见、戒禁取见、疑。

⑥**思维五根**：五根，此处指信、精进、念、定、慧，见《智度论》卷十九。又，五根为信、勤、念、

定、慧。

⑦**分别五**：依文意，此处应指贪、嗔、痴、慢、疑。

⑧**燋形**：使形容憔悴。

⑨**屏处**：摒弃与众人相处。

⑩**伏意**：制伏意念。

⑪**不受所有**：不被所拥有的万物控制。

⑫**成人**：使人完善自我。

⑬**释**：抛开、放弃。

⑭**玄默**：高度的沉默。玄，深不可测。

⑮**儁身**：《中华大藏经》、宋本《法句经》分别作敕身、饰身。约束身体，勿使妄动。

⑯**喜在佛教**：欢喜之情表现在佛教的教义方面。

⑰**余**：剩下、残留。

⑱**自忖**：自我反省。忖，音 cǔn。

⑲**大宝**：依前后文意，应是涅槃之意。

⑳**恶恶行者**：一而再，再而三地行恶。此句宋本《法句经》译作"作恶者死"。

㉑**息心非剔**，即息心非剔除心之省略语。

㉒**慢訑**：訑，音 yí，放肆而无所顾忌。慢訑，即傲慢而无所禁忌。

译文

沙门品的大意是：以正等的佛法训诫佛家子弟，并使其接受践行，然后得道解脱世俗烦恼直至清净。

端正视听嗅味等（感觉），身（行）意（念）常常持守在正道之中；比丘所行（若能）这样，可以避免各种苦（恼）。（一）

手脚不要轻易妄动，节制言语使其言行一致；常常以禅定（的）意念为内在快乐，守住一心行为寂静安然。（二）

学习（佛法）应当（首先）守住嘴巴，很少说话就可以平安和缓；以（佛）法和（道）义作为安定意念（的准则），言语则必然柔和中听。（三）

以（佛）法为乐以（佛）法为欲念的（对象），思想专一地安于佛法；比丘（之辈）顺依（佛）法（而行），（行为）端正而不漫无边际。（四）

学习（佛法）不要追求利益（功利），不要羡慕其他行径；比丘（如若）羡慕他（行），不能获得禅定之意。（五）

比丘应该少取（财物），从而保证没有积蓄；天界人间共同赞誉，一生清净了无污秽。（六）

比丘应当行为（仁）慈，喜爱敬重佛之教导；深深

进入"止观"之中，灭除各种世俗行为便可获得人生安乐。（七）

无论身心两面，都不被外界所迷惑；不近"名色"没有忧愁，这样便可成为比丘。（八）

比丘（应当不断）戽出船舱中积水，舱中虚空则船身轻便；驱除（身心之中）淫怒痴（意），（犹戽出船舱中水身心轻盈）这样便证涅槃境界。（九）

舍弃色界五上分结断灭欲界五下分结，思维五善根；除灭贪、嗔、痴、慢、疑，从此度脱生死河。（十）

（应当）禅定莫要放纵，不要使欲望扰乱（心意）；不因放逸堕地狱自吞热铁丸，以致自我苦恼形容憔悴。（十一）

没有禅定就没有智慧，没有智慧就不是真正禅定；佛道之境要从禅智之中获得，了悟佛道便可进入涅槃境界。（十二）

应当学习进入"空"境，安静其居止息其意；乐于独处摒弃群聚，专一其心深观（佛）法。（十三）

应当制伏五阴（蕴），降伏意（念）犹如水（静）；（意念）清净（心灵）和悦，这样便可体味出（佛法）如甜美甘露般滋味。（十四）

不接受世间所有（之物之情），这样便是智慧的比丘；管摄（五）根知道满足，所有戒律悉皆持守不违。

（十五）

活着时日应当行为清净，寻求好的老师和朋友；智慧之人可以使人完成人生意义，了脱苦难达致喜悦（境地）。（十六）

就像卫师花一样，花开成熟自然脱落；人若舍弃淫怒痴（意），（犹如花熟自堕）生死之苦自行解脱。（十七）

端正身（行）端正言辞，心（念）坚守深深的沉默；比丘抛弃世（间一切），这样便是进入寂静（之道）。（十八）

应当自己警策身体（行为勿使放纵），内部与心（念）不断斗争（坚持佛法）；护守身体思念真谛，比丘至此住安乐。（十九）

我自然为我，所要考虑的是如何没有我；因此应当不断减损对"我"的执着，调顺了（身心）便是贤人。（二十）

因闻佛教教义而欢喜，此种欢喜不嫌多；多闻佛教教义心静寂，进入涅槃永安乐。（二十一）

傥有些许修行，冉勤修佛陀教诫；（心性）光明普照世间，犹如红日无云光明朗朗。（二十二）

抛弃惰慢（之情）勿有骄狂（心态），莲花虽生污水（而自身净洁清香）；学习（佛法）能够摆脱惰慢骄

狂的污染（自身净洁犹如莲华），知道此层道理因而能够战胜（世俗的污染）。（二十三）

割舍爱意无所留恋羡慕，不受外物污染犹如莲花一样；比丘渡过世俗欲望之河流，是因为战胜了欲望污染智慧明达的结果。（二十四）

截断欲流自思忖，守心退却贪染欲；割弃欲望若不尽，一意犹堕地狱中。（二十五）

努力呀努力，一定要强行自我制伏放逸心；（即使）出家但却懈怠（心意），意（念）还会染于（世俗之情）。（二十六）

行道懈怠迂缓之人，外染尘缘没有清除（干净）；没有达到真正彻底的清净行道（之境），怎么能获得（涅槃）的最大宝物？（二十七）

沙门（之辈）为何修行？如果意（根）不加制禁，每步行动黏着表相，只会跟随思（念）随便乱走（没有定止）。（二十八）

（表面）袈裟披于肩上，作恶之行毫不减少；每种恶行都去践行，这等之人将堕恶道。（二十九）

不去调理（心念）难以持戒，犹如大风吹刮枯树（极易摧毁）；一切行为皆是为着自身（幸福），为什么还不力求精进（学习佛法）？（三十）

止息心（念）并非表面剃去头发，怠慢松弛便无戒

德；舍弃贪欲思念惟"道"，这样便符合止息心念要求。（三十一）

止息心念并非表面剃去头发，放逸便无笃实诚信；能够灭除世俗各种苦痛，便是上等沙门之人。（三十二）

35 梵志品

原典

梵志品第三十五有四十章

梵志品者，言行清白，理学①无秽，可称道士②。

截流而渡，无欲如梵，知行已尽，是谓梵志。（一）

以无二法③，清净度渊，诸欲结解，是谓梵志。（二）

适彼④无彼，彼彼已空，舍离贪淫，是谓梵志。（三）

思维无垢，所行不漏⑤，上求不起，是谓梵志。（四）

日照于昼，月照于夜；甲兵照军，禅照道人；佛出天下，照一切冥。（五）

非剃为沙门，称吉为梵志；谓能舍众恶，是则为道人。（六）

出恶⑥为梵志，入正为沙门；弃我众秽行，是则为舍家。（七）

若猗于爱，心无所着；已舍已正⑦，是灭众苦。（八）

身口与意,净无过失,能摄三行,是谓梵志。(九)

若心晓了,佛所说法,观心自归,净于为水。(十)

非蔟⑧结发,名为梵志;诚行法行,清白则贤。(十一)

剔发无慧,草衣何施⑨?内不离着,外舍何益!(十二)

被服弊恶⑩,躬承法行,闭居思维,是谓梵志。(十三)

佛不教彼,赞已自称⑪,如谛不言,乃为梵志。(十四)

绝诸可欲,不淫其志,委弃倍数⑫,是谓梵志。(十五)

断生死河,能忍超度,自觉出堑⑬,是谓梵志。(十六)

见骂见击,嘿受⑭不怒,有忍辱力,是谓梵志。(十七)

若见侵欺,但念守戒,端身自调,是谓梵志。(十八)

心弃恶法,如蛇脱皮,不为欲污⑮,是谓梵志。(十九)

觉生为苦,从是灭意,能下重担⑯,是谓梵志。(二十)

解微妙慧,辩道不道,体行上义,是谓梵志。(二十一)

弃捐家居,无家之畏,少求寡欲,是谓梵志。(二十二)

弃放治生[17],无贼害心,无所娆恼,是谓梵志。(二十三)

避争不争,犯而不慢,恶来善待,是谓梵志。(二十四)

去淫怒痴,憍慢诸恶,如蛇脱皮,是谓梵志。(二十五)

断绝世事,口无粗言,入道审谛[18],是谓梵志。(二十六)

所世恶法[19],修短巨细,无取无舍,是谓梵志。(二十七)

今世行净,后世无秽,无习无舍,是谓梵志。(二十八)

弃身无猗,不诵异言,行甘露灭[20],是谓梵志。(二十九)

于罪与福,两行永除,无忧无尘,是谓梵志。(三十)

心喜无垢,如月盛满,谤毁已除,是谓梵志。(三十一)

见痴往来，堕堑受苦，欲单渡岸，不好他语[21]，唯灭不起，是谓梵志。（三十二）

已断恩爱，离家无欲，爱有[22]已尽，是谓梵志。（三十三）

离人聚处，不堕天聚[23]，诸聚不归，是谓梵志。（三十四）

弃乐无乐，灭无煴燸[24]，健违诸世，是谓梵志。（三十五）

所生已讫，死无所趣[25]，觉安无依，是谓梵志。（三十六）

已度五道[26]，莫知所堕，习尽[27]无余，是谓梵志。（三十七）

于前于后，及中无有，无操无舍，是谓梵志。（三十八）

最雄最勇，能自解度，觉意不动，是谓梵志。（三十九）

自知宿命，本所更来，得要生尽，睿通道玄，明如能默，是谓梵志。（四十）

注释

①**理学**：治学。

②**道士**：有道之士、得道之士。

③**二法**：其他门径、其他方法。

④**适彼**：遇到对待之物。彼，相对于我、此而言的他物。

⑤**不漏**：没有烦恼。

⑥**出恶**：走出恶的范围，或曰剔除恶的念头。

⑦**已舍已正**：已经舍弃了恶，已经就入正道。

⑧**薙**：剃尽。

⑨**何施**：有什么作用。施，用也。

⑩**弊恶**：使恶坏死，即除恶。

⑪**赞已自称**：已，一写作己。赞，古时一种文体，类似佛教偈颂。自称，自己说出来了。

⑫**倍数**：因比较而产生的分别数量之念。

⑬**堑**：深沟。

⑭**嘿受**：默默地承受、忍受。

⑮**不为欲污**：不被欲望所污染。

⑯**重担**：譬喻语，即指人生各种焦虑、烦恼。

⑰**治生**：治理众生，即有为之心。

⑱**入道审谛**：力行佛道，知解真谛。

⑲**所世恶法**：即世间所有恶法。宋本《法句经》此句译作"所施善恶"，亦通。

⑳**行甘露灭**：行使以甘露法（即佛法）为标准，而灭尘世之苦。

㉑**不好他语**：不偏好异教之言语。

㉒**爱有**：爱欲的存在。

㉓**天聚**：即天界诸神所处之处，与人聚相对。

㉔**无煴燸**：煴，云烟貌；燸，暖；无煴燸，即不剩一点痕迹。

㉕**所趣**：即所趋、所往之意。

㉖**五道**：即佛教所指的天、人、畜生、地狱、饿鬼等五道。

㉗**习尽**：各种尘世之恶习驱除干净。

译文

梵志品大意是讲，（人的）言行清净，治学精纯而不庞杂芜秽，这样的人便可称之为得道之士。

堵截欲望之流超度到彼岸世界，没有欲望犹如梵志；（尘世之）知（世俗之）行已经彻底摒弃干净，这便称为真梵志（之士）。（一）

修道没有其他第二道门径，只有清净心可以渡过世俗深渊；各种欲望烦恼已经开解，这便称为真梵志（之士）。（二）

遇到对待之彼物而消除与彼物之对待，彼与彼之间便已"空"而无"彼"之存在；舍弃远离贪欲淫意，这便称为真梵志（之士）（三）

思维之中没有一点尘世污垢，所有意念之中没有烦恼；上求（之意）不（再）产生，这便称为真梵志（之士）。（四）

太阳在白天普照人间，月亮在夜晚光照大地；盔甲（士兵）在行伍中光芒照耀，禅定（之光）笼罩得道之人；佛祖在人世间出现，（其光）照亮一切幽暗昏冥。（五）

并非剃了头发即是沙门（之人），所作所为皆吉利方（才）是梵志（之士）；（我们）是说能够舍弃各种恶（行）（之辈），这才是修道之人。（六）

跳出恶之深渊便是梵志（之士），进入正道才是沙门（之人）；抛弃了自己的污秽之行，这样便可称之为出家人。（七）

假如倚靠于爱意（之上），而心（念）没有任何执着；已经抛舍了（爱意）已经使心归于端正，这便是息灭了各种苦（难）。（八）

身（行）嘴（上言语）与（心）意，（都）清净而没有过错失误，能够管束（身、口、意）三行，这便称为真梵志（之士）。（九）

假若心（里）知晓明了佛所阐释的诸种（佛）法，反观其心自归正道，（致使心意）净洁如水。（十）

并非剃去头发，便能称之为梵志之士；真诚地践行

（佛）法（佛）行，（心意）清净纯洁才是贤（德）之人。（十一）

剃了头发（却并）无智慧，身着草（织之）衣（又有）何用？内（心）不能离弃（对万物万相）的执着，表面上舍弃（一切）又有何益？（十二）

身披（袈裟）之服而（真正）除恶务尽，亲身践行（佛）法（佛）行，关闭居所一心思（法），这便称为真梵志（之士）。（十三）

佛（祖）不教导他人（了），赞偈之中有佛祖之义，获得真谛寂穆不言，这便称为真梵志之士。（十四）

断绝各种"想要"的欲望，不放任淫荡（自己的）心（志），委弃（各种因比较而产生的）分别数量（观念），这便称为真梵志（之士）。（十五）

截断生死流转之河流，能够忍（住各种嗔怒辱）便能超度（世俗之苦），自我觉醒其心意而能跳出深坑，这便称为真梵志（之士）。（十六）

遭到咒骂遭到打击，默默无言地忍受而不发怒，（拥）有忍耐侮辱的功夫，这便称为真梵志（之士）。（十七）

假若遭到侵犯欺侮，只是思念（如何）去坚持戒德，端正（自）身自我调理（心念），这便称为真梵志（之士）。（十八）

心（中）舍弃恶法，就像蛇蜕其皮（一身清新），不被欲望污染，这便称为真梵志（之士）。（十九）

觉解到生命本质是苦，从此便可熄灭（各种）意念，能够放下（人生）重担，这便称为真梵志（之士）。（二十）

觉解微妙之智慧，分辨出道与不道的区别，身体力行上等之道义，这便称为真梵志（之士）。（二十一）

捐弃家居生活（形式），没有家居的一切畏惧（担忧），少求寡欲，这便称为真梵志（之士）。（二十二）

放弃治理生活（之意），没有贼害他人之心，没有什么可以引起烦恼的，这便称为真梵志（之士）。（二十三）

避开争斗不去与人竞争，遭到冒犯而不惰慢，恶（行）逼来以善意对待，这便称为真梵志（之士）。（二十四）

除去淫怒痴（意），以及憍饰惰慢等诸恶，就像蛇蜕去旧皮（毫不怜惜），这便称为真梵志（之士）。（二十五）

斩断隔绝世间一切事务，口中没有任何粗鄙言语，力行佛道知真谛，这便称为真梵志（之士）。（二十六）

世间所有恶法，（无论）长短巨细，既无所取亦无所舍，这便称为真梵志（之士）。（二十七）

今生今世行为净洁，后世来生没有污秽，了无世间（恶）习亦无什么（再要）舍弃，这便称为真梵志（之士）。（二十八）

抛弃身（躯）无所倚靠，不去诵读异（教）言论，践行（犹如）甘露（甜美）的"灭"道，这便称为真梵志（之士）。（二十九）

无论是罪（报）还是（福）报，两种行为永远消除，没有忧愁没有尘世之恋，这便称为真梵志（之士）。（三十）

心以没有尘世污垢为喜（悦），犹如十五之月充盈丰满（皎洁明净），各种诽谤诋毁之语消除殆尽，这便称为真梵志（之士）。（三十一）

看到痴人往来不绝，堕入苦难深坑遭受苦痛（折磨），要想独自地渡到彼岸，不要轻信外教邪说，专一（践行）"灭"道不（再）生起杂念，这便称为真梵志（之士）。（三十二）

已经斩断恩爱（之意），出家修道没有（任何）欲望，所存爱欲已经驱除殆尽，这便称为真梵志（之士）。（三十三）

远离人居独行道，不堕天界诸般乐，三界色欲皆不着，这便称为真梵志（之士）。（三十四）

抛弃快乐和不快乐，证得涅槃清净界，壮汉力断三

世轮回,这便称为真梵志(之士)。(三十五)

生命已终结,不堕轮回道,觉解安乐境自度无凭依,这便称为真梵志(之士)。(三十六)

已经度脱(天、人、畜生、饿鬼、地狱)五道(深渊),不再堕入色欲界,习气除尽无残余,这便称为真梵志(之士)。(三十七)

过去、未来,及至(现在),我之心中没有任何执着,没有正在握紧(之物),没有任何再要抛舍(之物),这便称为真梵志(之士)。(三十八)

最雄最勇之人,能够自觉佛道了脱尘世,了悟之心寂然不动,这便称为真梵志(之士)。(三十九)

自己知晓以往的命运,以及自己轮回之身,求得佛道斩断生死轮回之流,睿智深通道机玄妙,明察一切又能静穆无言,这便称为真梵志(之士)。(四十)

36 泥洹品

原典

泥洹品第三十六_{三十有六章}

泥洹品者,叙道大归,恬淡寂灭,度生死畏。

忍为最自守,泥洹佛称上!舍家不犯戒,息心无所

害。(一)

　　无病最利，知足最富，厚为最友①，泥洹最快！(二)

　　饥②为大病，行为最苦；已谛知③此，泥洹最乐！(三)

　　少往④善道，趣恶道多；如谛知此，泥洹最乐！(四)

　　从因生善，从因堕恶；由因泥洹，所缘亦然。(五)

　　麋鹿依野，鸟依虚空，法归分别⑤，真人归灭。(六)

　　始无如不，始不如无⑥，是为无得，亦无有思。(七)

　　心难见，习可睹；觉欲者，乃具见；无所乐，为苦际⑦。(八)

　　在⑧爱欲，为增痛；明不染，净能御；无所近，为苦际。(九)

　　见有见⑨，闻有闻，念有念，识有识；睹无着，亦无识。(十)

　　一切舍，为得际；除身想，灭痛行；识已尽，为苦竟⑩。(十一)

　　猗则动，虚则静；动非近，非有乐；乐无近，为得寂；寂已寂，已往来。(十二)

　　来往绝，无生死；生死断，无此彼；此彼断，为两灭⑪；灭无余，为苦除。(十三)

　　比丘有世生⑫，有有⑬有作行；有无⑭生无有，无作无所行⑮。(十四)

　　夫唯无念者，伪⑯能得自致；无生无复有，无作无

行处。(十五)

生有作行者[17],是为不得要;若已解不生,不有不作行。(十六)

则生有得要,从身有已起;作行致死生,为开为法果。(十七)

从食因缘有,从食致忧乐;而此要灭者,无复念行迹。(十八)

诸苦法已尽,行灭湛然安;比丘吾已知,无复诸入地[18]。(十九)

无有虚空入,无诸入用入,无想不想入,无今世后世。(二十)

亦无日月想,无往无所悬;我已无往反,不去而不来。(二十一)

不没不复生,是际为泥洹;如是像无像,苦乐为已解。(二十二)

所见不复恐,无言言无疑;断有之射箭[19],遘愚无所猗;是为第一快,此道寂无上。(二十三)

受辱心如地,行忍如门阈;净如水无垢,生尽无彼受。(二十四)

利胜[20]不足怙,虽胜独复苦;当自求法胜,已胜无所生。(二十五)

毕故不造薪[21],厌胎无淫行;种燋不复生,意尽如

火灭。(二十六)

胞胎为秽海,何为乐淫行?虽上㉒有善处,皆莫如泥洹。(二十七)

悉知一切断,不复着世间;都弃如灭度,众道中斯胜。(二十八)

佛以现谛法,智勇能奉持;行净无瑕秽,自知度世安。(二十九)

道务㉓先远欲,早服㉔佛教戒;灭恶极恶际,易如鸟逝空。(三十)

若已解法句,至心体道行;是度生死岸,苦尽而无患。(三十一)

道法无亲疎,正不问赢强;要在无识想,结解为清净。(三十二)

上智厌腐身㉕,危脆非真实;苦多而乐少,九孔㉖无一净。(三十三)

慧以危贸㉗安,弃猗脱众难;形腐销为沫,慧见舍不贪。(三十四)

观身为苦器㉘,生老病无痛;弃垢行清净,可以获大安。(三十五)

依慧以却邪,不受㉙漏得尽;行净致度世,天人㉚莫不礼。(三十六)

注释

①**厚为最友**：忠厚是可靠的朋友。

②**饥**：不满足。

③**谛知**：真正的知道。

④**少往**：很少有人向着某处走去。

⑤**法归分别**：即指修道方法分别有四圣谛、八正道，不以佛之一音一法解决所有问题。此乃是上座部的主张。参见吕澂《印度佛学源流略讲》第三〇一页、第四十八页、第七十七页，上海人民出版社，一九七九年十月第一版。

⑥**始无如不，始不如无**：此两句甚为难解。姚秦译本此章云：我有本以无，本有我今无，非无亦非有，如今不可获。依此，则大意为，当初之无如万物不是当下表象之有，当初什么也不是之万物如同无一般；不，乃是无自性，是空；无，是无所有。此乃以无解空，属早期翻译之结果。

⑦**际**：应作除。下文际皆作除。

⑧**在**：执着于。

⑨**见有见**：见解之外亦有见解，意谓对某一见解仍然可以提出见解。下文句式同此。

⑩**竟**：完结、了结。

⑪**为两灭**：两，两两相对之意也。来与往，生与死，彼与此，皆"两"也。然关键在于生死轮回，故"两灭"在此即指断生死轮回。

⑫**有世生**：拥有同世人一样的生命。

⑬**有有**：前面"有"字为动词，后面"有"字为名词，指存有着的生命。

⑭**有无**：存有的生命没有了。无，消失了、没有了。

⑮**无作无所行**：没有任何要做的事，没有任何做事的欲望。

⑯**伪**：人为的努力叫"伪"。此处意指自我努力。

⑰**生有作行者**：生命不断轮回并制造出各种行动之人。

⑱**无复诸入地**：诸，之于之合音；地，尘世之中。全句意为不再踏入尘世之地面。

⑲**断有之射箭**：此乃譬喻之语，把涅槃（即灭道）看作是斩断有执的一支利箭。它即使是射向愚蒙之人也同样不偏不邪。承第二十二章义。

⑳**利胜**：在利益方面获得了胜利。

㉑**薪**：《中华大藏经》作"新"，宋本《法句经》亦作"新"。当依作"新"解，更新之意也。

㉒**上**：依文义应指上界，即色界、无色界等上界天。

㉓**道务**：即务道，努力地寻求大道，致力于佛道。

㉔**服**：服膺、听从。

㉕**腐身**：人死身坏，故曰腐身。

㉖**九孔**：阳窍七阴窍二，两眼、两鼻、两耳、口、大小便之出处。

㉗**贸**：交换、换取。

㉘**苦器**：盛苦之容器、器皿。

㉙**不受**：不接受，即指不接六根之感觉。

㉚**天人**：又作天众，指住天界或人界的众生，亦指住于欲界六天及色界诸天之有情。

译文

泥洹品大意是讲：佛教的最终旨归乃是恬淡清净的涅槃境界，救度世人对生死的畏惧。

"忍"是最好的自我守护（法宝），涅槃（是）佛称赞的最上（境界）！出家而不冒犯戒律，止息心（念）尢所加害于人。（一）

没有疾病是最大的利益，知道满足是最大的富有，（诚实）厚道是最好的朋友，涅槃（无余）是最大的快乐。（二）

饥饿（不满足之感觉）是最大的疾病，各种作为（之心）是最大的痛苦；如若得知这层道理，证得涅槃是最大的快乐。（三）

向往善道之人很少,趋向恶道之人甚多;如若得知这层道理,证得涅槃是最大的快乐。(四)

善因结善果,恶因得恶报;善因得涅槃,因缘果报皆这样。(五)

麋鹿依归旷野,禽鸟在天空飞翔,万法归依分别义,真人最终证得涅槃。(六)

万物缘起无自性,物无自性便是空,空无自性无所执,亦无思维之本体。(七)

心(念)渺难见,习气可睹心;了悟欲望是祸根,便已具备真见识;世间一切无所乐,乃为除灭人生苦。(八)

执着于爱欲,徒增人生苦;(心智)明净不染客尘,明净心智能御欲;不去亲近世间物,乃为除灭人生苦。(九)

见解之外有见解,所闻之外有所闻,此念之外有彼念,心识之外有心识;明白此理无执着,除灭心识至寂寞。(十)

一切皆可舍,亦是有所得;除灭对身心的执着,消灭产生痛苦的因缘;心识彻底除灭尽,人生痛苦皆了脱。(十一)

有所倚托便会有所作为,虚心无想则必然安静;有所作为则难以靠近(佛法),因而也就没有安乐;不近尘世一切乐,乃为获得寂静(境界);寂静本身已寂灭,便已斩断轮回流。(十二)

斩断轮回流,便无生死忧;断灭生死苦,便无此与彼;此彼分别断,乃为今生来世皆寂灭;证得涅槃无所念,乃为除灭人生苦。(十三)

比丘亦有世人般的生命,有了这生命便有作为(之)行;生命(轮回)已斩断,无所作为无所行。(十四)

只有一无所念者,精进可致无为境;斩断轮回无躯体,无所作为亦无作为处。(十五)

轮回不止劳碌不休之人,便是不得佛教精义者;若已解悟佛教精义便无轮回,没有轮回的生命体便没有人世的一切作为。(十六)

管摄生命有基本纲要,万有皆从有身开始;不断造作导致生死轮回,万法开花导致万法结果。(十七)

万有皆从食因缘生,食因缘导致忧乐起;若有除灭因缘者,无须思维轮回道。(十八)

尘世诸苦断灭尽,诸行寂灭(心意),湛然清明安乐;比丘心(念)已觉解,不再堕入地狱(的轮回之中)。(十九)

心意湛然非虚空,一切名相皆断灭,没有"想"与"不想"相,没有今世来世相。(二十)

没有日月流逝忧,不为未来去思想;我已泯灭往返相,无去无来心寂然。(二十一)

不死也不再生,此等境界是涅槃;此等相状即无

像，无苦无乐为解脱。（二十二）

不为所见生恐惧，无所言说，则言说必然诚信无妄；斩断"有执"的飞快利箭，射中愚人无偏斜；这是天人界的第一等快乐，这一佛道的寂静无可比拟。（二十三）

承受侮辱其心如大地般宽厚沉默，践行"忍"道犹如阀门般紧牢；心念清净犹如清澈（泉）水了无污垢，此生已尽不再堕入轮回之道。（二十四）

名利皆赢不足依恃，虽得名利反受其苦；应当追求永胜道，一胜永远无烦恼。（二十五）

宿业完毕不再造新业，厌倦轮回就要禁止淫行；焦枯种子不发芽，意根除尽如火灭。（二十六）

人的胞胎是污秽的海洋，为何还要乐于淫行？即使上界有善处，不如涅槃境界美妙。（二十七）

悉知佛法断尘缘，不再执着世间相；抛弃一切进入涅槃，这是众多解脱道中最为殊胜之道。（二十八）

佛向现世展示的真谛法门，智勇之人能够奉持践行；道行清净无瑕疵，自己觉解佛法可以了脱尘世，获得安乐。（二十九）

践行佛道先远欲，趁早服膺佛教诲；断灭欲望万恶除，犹如飞鸟从空过。（三十）

若已解悟"法句"义，身心皆依佛道行；如此能度

生死海，诸苦灭尽无忧患。（三十一）

佛法公正无亲疏，正道不问强与弱；关键在于除心识，烦恼解除心清净。（三十二）

上等智者厌弃易于腐臭的身躯，这一危险脆弱之身并非真正实有；此身苦多而乐少，九窍皆是污秽处。（三十三）

智慧之人以危脆交换安稳，舍弃假有之身摆脱众多苦难；形躯腐烂犹如泡沫雯那熄灭，慧见此理舍弃身躯永不贪。（三十四）

细观身躯实乃盛苦之容器，内装生老病无常诸痛苦；舍弃污垢身躯践行清净佛法，便可获得最大的安乐。（三十五）

依靠智慧却邪欲，斩断六根烦恼可除尽；行为净洁可以了脱尘世苦恼，天人众皆会礼敬此等之人。（三十六）

37 生死品

原典

生死品第三十七+有八章

生死品者，说诸人①魂灵亡神在，随行转生。

命如果②待熟，常恐会零落；已生皆有苦，孰能致

不死？（一）

从初乐恩爱，因淫入胎影；受形命如电，昼夜流难止。（二）

是身为死物③，精神无形法；作令死复生，罪福不败亡。（三）

终始④非一世，从痴爱久长；自此受苦乐，身死神不丧。（四）

身四大为色⑤，识四阴曰名；其情十八种，所缘起十二⑥。（五）

神止凡九处，生死不断灭；世间愚不闻，蔽暗无天眼。（六）

自涂以三垢，无目意妄见；谓死如生时，或谓死断灭。（七）

识神造三界，善不善五处；阴行而嘿到⑦，所往如响应。（八）

欲色不色有，一切因宿行；如种⑧随本像，自然报如影。（九）

神以身为名，如火随形字；着烛为烛火，随炭草粪薪。（十）

心法⑨起则起，法灭而则灭；兴衰如雨雹，转转不自识。（十一）

识神走五道，无一处不更⑩；舍身复受身，如轮转

着地。(十二)

如人一身居，去其故室中；神以形为庐，形坏神不亡。(十三)

精神居形躯，犹雀藏器中；器破雀飞去，身坏神逝生。(十四)

性痴净常想，乐身想痴想；嫌望非上要，佛说是不明。(十五)

一本二展转⑪，三垢⑫五弥广，诸海十二事⑬，渊销越度欢。(十六)

三时⑭断绝时，知身无所直⑮；命气温暖识，舍身而转逝。(十七)

当其死卧地，犹草无所知；观其状如是，但幻⑯而愚贪。(十八)

注释

①**说诸人**：向人们解说。
②**如果**：像果实一样。
③**为死物**：为必死之物。
④**终始**：指生命的轮回、完结。
⑤**四大为色**：四大，地、水、风、火；色，物质也。
⑥**所缘起十二**：导致十八种的情有十二因缘。十二因缘是原始佛教揭示人生之苦的十二种原因。即无明、

行、识、名色、六入、触、受、爱、取、有、生、老死。

⑦阴行而嘿到：暗暗地走动，无声地到来。

⑧种：种子。种子所生物像其自身。

⑨心法：小乘的说法，心法，即心王。它是宇宙中五位——心王、心所法、色法、不相应行法、无为法之一。大乘的说法，若一切万有分为色、心二法，则总合心王与心所为心法，相对于色法而言。

⑩不更：不轮换。

⑪一本二展转：一本，神也；二展转，再次地投胎转换生命形式。

⑫三垢：即指贪、嗔、痴，也称"三毒"。

⑬诸海十二事：十二事，当指十二因缘；诸海即人生的苦海。

⑭三时：《中华大藏经》、宋本《法句经》皆作三事。应是指"身、口、意"三业。

⑮无所直：即无所值，没有什么价值。

⑯但幻：只是空幻的。

译文

生死品大意是讲：人的魂灵死亡之后，其精神犹在，随顺以往的业力转世投胎再生。

生命如同果实待熟，常恐遭逢零落之时；所有生命

皆有苦，谁能达致不死境？（一）

初从父母恩爱生，又因淫欲堕轮回；生命形成如闪电，昼夜流转难止息。（二）

此身乃为必死物，唯有神识无定形；身死神识能再生，罪福依然如影随。（三）

生命终结与开始，不是一世能了结，痴爱不除久轮回；堕入轮回受苦乐，身死神识不灭亡。（四）

身躯与"四大"，皆为有质碍的物体，受、想、行、识等四阴，乃为无形之心法；幻变有情十八种，十八种有情皆因十二因缘起。（五）

神识栖息有九处，生死轮回不断灭；世间愚蒙不知此层道理，蔽于愚暗无慧眼。（六）

自我被（贪、嗔、痴）三垢蒙蔽，缺乏慧眼意根妄动生妄见；或谓死后如生时，或谓一死神识灭。（七）

神识出入（欲界、色界、无色界），以及善与不善共五处；瞬息来去无声息，生死如响应斯神。（八）

欲界、色界、无色界非真有，一切皆由宿业成；犹如种子随顺原初本体形相，人生善恶果报自然如影随形。（九）

神识假借色身而被称为"名"，犹如燃烧之火因薪而得名字；点燃蜡烛为烛火，随遇木炭、草木、牛粪等薪柴而有不同名称。（十）

心法起动万法起，心法寂灭万法灭；兴衰变幻犹如雨变冰雹（冰雹变雨），辗转循环不相识。（十一）

神识行走于（天、人、畜生、地狱、饿鬼）五道之中，没有一处经历；舍弃此身复又受形于彼身，犹如车轮旋转行走，离开此地又着彼地。（十二）

如人身居房中，一朝命去弃旧室；神识以身为房屋，身死神识不消亡。（十三）

神识寄住形躯内，犹如麻雀藏笼中；鸟笼破坏雀飞走，身死神识飞逝再转生。（十四）

痴愚之辈总视清净为恒常，痴想有身便是乐；嫌此望彼未得人生上等精义，我佛认为此辈乃是愚蒙之人。（十五）

神识流转今世至未来世，贪嗔痴三垢、色受想行识五蕴，变幻扩充，便有了人世苦海的十二因缘，罪渊销尽，了脱苦海便得欢喜。（十六）

身口意三事断绝之时，方知身躯一文不值；生命只不过是有呼吸、有体温和意识诸因缘和合而成，舍弃身躯，诸等因缘转眼消逝。（十七）

当人死后僵卧地上，犹如草木一无所知；看到身躯相状原本如此，只是虚幻假有，而愚暗之人却贪恋不舍。（十八）

38　道利品

> **原典**

道利品第三十八 +有九章

道利品者，君父师行①，开示善道，率之以正。

人知奉其上，君父师道士；信戒施闻慧，终吉所生安。（一）

宿命有福庆②，生世为人尊；以道安天下，奉法莫不从。（二）

王为臣民主，常以慈爱下；身率以法戒，示之以休咎③。（三）

处安不忘危，虑明福转厚；福德之反报④，不问尊以卑。（四）

夫为世间将，顺正不阿枉；心调胜诸恶，如是为法王。（五）

见正能施惠，仁爱好利人；既利以平均，如是众附亲。（六）

如牛厉⑤渡水，导正从亦正；奉法心不邪，如是众普安。（七）

勿妄娆⑥神像，以招苦痛患；恶意为自杀，终不至善方。（八）

戒德可恃怙⑦,福报常随己;见法为人长,终远三恶道。(九)

戒慎除苦畏,福德三界尊,鬼龙邪毒害,不犯持戒人。(十)

无义不诚信,欺妄好斗争;当知远离此,近愚兴罪多。(十一)

仁贤言诚信,多闻戒行具;当知亲附此,近智诚善多。(十二)

善言⑧不守戒,志乱无善行;虽身处潜隐,是为非学法。(十三)

美说正为上⑨,法说为第二,爱说可彼三,诚说不欺四。(十四)

无便获利刃⑩,自以克其身;愚学好妄说,行牵受牵戾。(十五)

贪淫嗔恚痴,是三非善本;身以斯自害,报由痴爱生。(十六)

有福为天人,非法受恶形;圣人明独见,常善承佛令。(十七)

戒德后世业,以作福追身;天人称誉善,心正无不安。(十八)

为恶念不止,日缚不自悔;命逝如川流,见恶宜守戒。(十九)

今我上体首,白生⑪为被盗;已有天使⑫召,时正宜出家。(二十)

注释

①行:辈。

②福庆:幸福与好运。庆,福也、可贺也。

③休咎:吉凶。休,吉庆、美善。

④反报:回报。

⑤厉:奋力。

⑥娆:无辜地骚扰、惹怒。

⑦恃怙:依靠。

⑧善言:符合善的标准的言语。

⑨美说正为上:用漂亮的言辞阐述正等正道为上乘之言论。

⑩无便获利刃:不要随便地获得利益之刀刃。此为譬喻之语,把"利"看作是锋利之刀刃。

⑪白生:白发生出来了。

⑫天使:指阎魔王之使者,天者自然之义,以发自自然之业而警醒世人,故譬之为天使。《佛说阎罗王五天使者经》则举有生、老、病、死、王法之牢狱等五天使,亦称为五大使者。

译文

　　道利品大意是向人间的君、父、师等人,指出一条为善之道,以正道率领众人。

　　人们皆知敬奉他们的上辈(或上司),君王应知礼敬沙门;信道持戒乐施多闻(佛法),终受福报一生安乐。(一)

　　前世积德有福庆,生生世世为人王;善施仁政治天下,奉持佛法万民从。(二)

　　国王身为臣民主,常以慈爱待其民;躬身践行佛法戒律,更以吉凶疏导天下。(三)

　　居安思危应牢记,远虑明察福报大;福德回报无私情,不问尊贵与卑微。(四)

　　生为人间领袖,修德公正毋枉曲;调伏心念战胜诸恶,能够如此便是法王。(五)

　　见识端正就能布施恩惠,(心怀)仁爱就好帮助他人;既施以利且又平均,像这样做,众人就会归附亲近。(六)

　　犹如(水)牛奋力渡水,引导正确随从亦将端正;敬奉佛法心念(就)不会偏邪,能像这样众人就普遍安乐。(七)

　　不要胡乱搞恼神像,以免招致苦痛祸患;恶毒

（心）意（实）乃自杀（凶手），最终不能到达善之处所。（八）

持戒之德可以依靠，（这样的人）福报常常尾随其身；洞见（佛）法（意蕴）便为人间长者，最终远离（地狱、饿鬼、畜生）三恶道。（九）

持戒慎（独）可以驱除诸种苦恼，其福其德在三界之中皆处尊位；鬼龙邪毒种种祸害，不能冒犯持戒之人。（十）

没有道义（之人）不可能诚信，欺瞒虚妄之人喜好斗争；应当知道远离（这些邪恶），靠近愚暗引发的罪祸必然很多。（十一）

仁慈贤德之人其言诚信，广泛聆听（佛法）守戒之德完满；应当知道亲近依附这些（仁贤多闻之士），靠近智慧，诚实、美善品德就会增多。（十二）

善于言辞却不守戒律，心志紊乱就没有善的行为；即使身处潜隐幽静之处，这样仍是不学（佛）法之人。（十三）

美丽言论以端正（中道）为上乘，符合佛法精神的言辞是第二乘，慈爱言论可以算是第三乘，诚实无欺言论可以算第四乘。（十四）

不要随意地获得利益之刀刃，这将自己攻伐自己身（心）；愚暗之人学习喜好虚幻学说，行为遭到他力的牵

引因而遭受牵引的罪咎。(十五)

贪淫、嗔恚、痴(愚),这三种(意识)是不善之本(体);身(心)因为这三种(意识)而自我戕害,(恶)报均由痴爱(之意)而产生。(十六)

(人若)有福是为天人,非法之辈将受恶劣形躯(之苦);圣人明智独具慧识,常常很好地承受佛之教训。(十七)

守戒之德乃为后世(造福)业,已经守戒之人福报将降临其身;(苍)天与(世)人都称赞善德,心(念)端正无时(无处)不安乐。(十八)

为恶念(头)不(知)止息,日日处在捆缚之中而不知自我悔改;生命逝去犹如河水流淌(日夜不止),看见恶时应当坚守戒律。(十九)

现在我的头,白发已生,如人遇盗;已经有天使在召唤了,是时正好适宜出家。(二十)

39 吉祥品

原典

吉祥品第三十九十有九章

吉祥品者,修己之术,去恶就善,终厚景福。

佛尊过诸天，如来常现义；有梵志道士，来问何吉祥。（一）

于是佛愍伤，为说真有要①；已信乐正法，是为最吉祥！（二）

若不从天人②，希望求侥幸，亦不祷祠神，是为最吉祥！（三）

友贤择善居，常先为福德，敕身③从真正，是为最吉祥！（四）

去恶从就善，避酒知自节，不淫于女色，是为最吉祥！（五）

多闻如戒行，法律精进学，修己无所争，是为最吉祥！（六）

居孝事父母，治家养妻子，不为空之行，是为最吉祥！（七）

不慢不自大，知足念反复，以时④诵习经，是为最吉祥！（八）

所闻当可忍⑤，乐欲见沙门，每讲辄听受，是为最吉祥！（九）

持斋修梵行，常欲见贤圣，依附明智者，是为最吉祥！（十）

以信⑥有道德，正意向无疑，欲脱三恶道⑦，是为最吉祥！（十一）

等心行布施,奉诸得道者,亦敬诸天人,是为最吉祥!(十二)

常欲⑧离贪欲,愚痴嗔恚意,能习诚道见⑨,是为最吉祥!(十三)

若以弃非务⑩,能勤修道用,常事于可事,是为最吉祥!(十四)

一切为天下,建立大慈意,修仁安众生,是为最吉祥!(十五)

欲求吉祥福,当信敬于佛,欲求吉祥福,当闻法句义!(十六)

欲求吉祥福,当供养众僧,戒具清净者,是为最吉祥!(十七)

智者居世间,常习吉祥行,自致成慧见,是为最吉祥!(十八)

梵志闻佛教,心中大欢喜;即前礼佛足,归命佛法众。(十九)

注释

①**真有要**:即真谛。真有,相对于假有而言,即真如;要,精义。

②**天人**:即指住天界或人界之众生,亦指住于欲界六天及色界诸天之有情。有时又写作天众。

③**敕身**：约束身体。敕，命令之意。

④**以时**：按时、有规律的。

⑤**所闻当可忍**：所听见的不如意事应当容忍。

⑥**以信**：已经皈依佛道。

⑦**三恶道**：又叫三恶趣，也叫三涂，即地狱、饿鬼、畜生。

⑧**常欲**：经常想着要。欲，要、想要。

⑨**能习诚道见**：宋碛砂本作"能习成道见"。全句义为以道心来对治贪欲、愚痴、嗔恚意，反复地按照佛道的慧见去从事自己的人生修行。

⑩**非务**：无益之事。

译文

吉祥品大意是讲：自我修行的方法，其目的是远离恶而靠近善，最终会使福报更厚重。

我佛位尊超过诸天人，如来常显出世义；一些外道修行者，前来询问世间如何作为方吉祥。（一）

因此佛陀慈愍众梵志，为他们阐说佛教真谛；信仰正法更乐正法，如此作为最吉祥！（二）

不从诸天有情者，不凭侥幸得正果，也不拜祠祀神灵，如此作为最吉祥！（三）

友于贤人择善道，预先种下福德因，约束身心从正

道，如此作为最吉祥！（四）

远离（邪）恶追随良善，持饮酒戒自知节身；不沉溺于女色之中，如此作为最吉祥！（五）

多闻佛法持戒行，佛法戒律精勤学，修行己德与人无争，如此作为最吉祥！（六）

居家以孝心奉事父母，节俭持家育养妻子儿女，不做荒唐耗财事，如此作为最吉祥！（七）

不傲慢不自大，牢记知足常乐训，按时诵读温习佛教经典，如此作为最吉祥！（八）

闻不如意事应当容忍，乐于亲近沙门之辈，每次讲解佛经的法会必去聆听，如此作为最吉祥！（九）

坚持斋戒修行清净道，心中常想亲近圣贤之人，结交明达睿智者，如此作为最吉祥！（十）

已经皈依佛道之人，正知正见便无疑惑，常想脱离（地狱、畜生、饿鬼）三恶道，如此作为最吉祥！（十一）

以平等心态行使布施之德，敬奉诸多得道之士，也礼敬诸天界之有情，如此作为最吉祥！（十二）

常常想着要远离贪婪的欲望以及愚痴嗔恚之意，按照佛道慧见反复践行，如此作为最吉祥！（十三）

假如能够抛弃无益事，勤勤恳恳修炼道心，亲近值得亲近之人，如此作为最吉祥！（十四）

一切作为皆为天下（之人谋福利），建立起宏大的慈悲心愿，修养仁慈之德安定众多生灵，如此作为最吉祥！（十五）

要想永得吉祥之福，应当信仰礼敬我佛，要想求得吉祥之福，应当聆听法句精义！（十六）

要想求得吉祥之福，应当供养广众僧（尼），戒德完满心意清净之人，如此作为最吉祥！（十七）

智者虽然居世间，却常践习吉祥行，自我求得智慧果，如此作为最吉祥！（十八）

梵志之辈听闻了佛之教诲，心中皆大欢喜，立即向前礼敬佛脚，归命于佛、法、僧。（十九）

源流

关于《法句经》的源头问题,吴译本支谦序中说得比较清楚,认为它是由五部沙门从佛说的十二部经、四部阿含经中收集四句、六句偈颂而成的。由于不知如何命名,故称为《法句经》(参见第一章)。但是该序并没有介绍后来究竟有哪些佛教经典受此经影响,这大约与当时有些印度佛教经典没有传入中国有关。从现行汉译佛经看,晋法炬、法立译的《法句譬喻经》和姚秦时沙门竺佛念译的《出曜经》,显然是受《法句经》影响的产物。另外,吕澂先生还认为,《大庄严经论》亦是受《法句经》影响的作品,它正是为庄严佛说法句而作的。而且,印度部派佛教有部中的"经部"譬喻师辈均受《法句经》影响。①这是《法句经》在印度佛教学术史上流变的大致情况。除此之外,《法句经》在译为汉文之后，与中国的另一部佛经《四十二章经》的关系亦很密切。究竟《四十二章经》是《法句经》的"经钞"，还是由西域沙门迦叶摩腾与竺法兰共译的独立的印度佛经，尚是一桩没有完全了结的公案。不过就目前的研究情况来看，《四十二章经》属伪作的"经钞"的证据比较令人信服。下面，我就以上所谈到的源与流的问题略加申述，以就教于方家。

《法句经》之源——十二部经与四部阿含

从现代佛教学术研究成果看，所有佛经包括十二部经及四部阿含，均是佛灭之后结集的产物。佛在世时均无经的成文形式。十二部经是指：一、正经；二、歌咏；三、记说；四、偈他；五、因缘；六、撰录；七、本起；八、此说；九、生处；十、广解；十一、未曾有法；十二、说义。②这十二部经，在巴利文本第廿二经中则列为九部经。③四阿含即是指《长阿含》《中阿含》《增一阿含》《杂阿含》。巴利文又分为五阿含。十二部经已难窥原貌，但从四阿含中可以大致看出初期佛经的大致形式，即一是用来说理的散句，一是总结散句所说的偈颂。《法句经·无常品》第一章所说的"操集佛言"，正是"收集"佛所说的偈颂部分文字。

从四阿含来看，偈颂既可以是结论性质的，也可以是综述、譬喻说理性质的，这部分偈颂往往是重复散句的说理内容而更加精炼一些罢了。有些地方押韵，便于记忆。而带有结论性质的说理偈颂，其中一些是比较晦涩的。这两种形式的偈颂在《法句经》中都有。如《无常品》第一章就在指出"兴衰"法之后，用大量的法句去阐述"兴衰"法，有纯粹的现象叙述和譬喻的偈颂，如"是身何用？恒漏臭处"，这便是现象叙述的形式。而"譬如陶家"章则是譬喻说理的形式。这两种说理方式既继承四阿含的说教方式，又开启了后来"有部"中的"经部"譬喻经和经论两种经典形式。

虽说《法句经》的偈颂均取之"四阿含"（包括十二部经），但从现存汉译的佛经来看，其取之于《增一阿含》的部分最多，取之于《中阿含》的最少；其中有些偈颂在《长阿含》和《杂阿含》《增一阿含》中均重出的，也被收集在《法句经》中。像《法句经·双要品》的前两章，几乎完全取之于《增一阿含》卷五十一《大爱道般涅槃品》中的偈颂。只有个别句子的汉译略有出入。如《双品》的第二句为"中心急恶"，在《增一阿含》中则为"心之念恶"；《双品》第四句为"即言即行"，《增一阿含》中则为"即行即施"；《双品》第五、六两句为"罪苦自追，车轹于辙"，而《增一阿含》

源　流

则为"于彼受苦,轮轹于辙"。这种汉译文字上的差别,实际上则很难断定原梵文或巴利文上有什么差别。即使有,也不会太大。

从品的名称来看,《增一阿含》每品的名称,其简明性比较接近《法句经》的品名形式,而《长阿含》《杂阿含》《中阿含》在这点上,均与《法句经》相差较远。在《增一阿含》中,有些品名便被直接地移作《法句经》的品名,如《增一阿含》卷四十九《非常品》便被移入《法句经》第一品。而其中的一段偈颂则被编入《法句经》第三十二品中的第三十章(参见《法句》原文),而这一段是颇为难懂的说理议论文字。其他如《增一阿含》中《三宝品》第二十一中的偈颂入《法句经·华香品》第十二,《安般品》中的偈颂入《法句经·道利品》第三十八第七章,《增一阿含·惭愧品》第十八入《法句经·双要品》第九的十三和十四两章,《增一阿含》的《增上品》偈颂入《法句经·无常品》第十九章和《述千品》第一、二、四章。其他各品中的偈颂完完整整地入《法句经》的还有很多,在此不能一一例举。

从四部阿含经中的偈颂来看,"一切行无常,生者必有死,不生则不死,此灭为最乐"句重复最多。因此,梵文系统《法句经》以《无常品》作为开篇,大约正是编纂者对"四阿含"精义及偈颂理解后精心安排的，是对"四阿含"的一次创造性的解释。因为在众多的、重复论证的"四阿含"中，究竟何者最为重要，对于一般的佛教徒来说颇难掌握，更何况是游离在佛教门槛之外的其他异教徒及非教徒。因此，编纂出一部简明扼要，反映佛教中心思想的著作，在当时就十分需要。不过，以降伏"心念"、端正"心念"为中心的《双要品》(或曰《双品》)，亦是编纂者对"四阿含"的一种理解，而且也符合"阿含经"的精神。因为在四部阿含经中，关于降伏"心念"、端正"心念"和"以心为主"的偈颂亦很多，与佛所倡导的以智慧解脱人生痛苦的思想亦相符。由此，我们可以推测说，在佛经结集之后，对于原始佛教意旨的理解便开始产生重点的偏移了。或以"无常"的现象为方便法门，宣扬佛教，吸引教徒；或以"心念"为方便法门，阐释佛教，引导人们脱离苦海。而两个系统的《法句经》却正好代表了两种观点和两种宣教方式。尽管《法句经》均属小乘佛教，但这种宣教方式似乎亦可以看作是小乘与大乘区别的端倪。而且也是受《法句经》影响的经部靠近初期大乘学说的内在思想根芽。

《法句经》之流——《法句譬喻经》《出曜经》和《大庄严经论》

从现存汉译《法句譬喻经》《出曜经》的品目及《大庄严经论》的具体偈颂来看，它们均是《法句经》系统的后续佛教经典，其中前面两经与《法句经》关系更为直接。

《法句譬喻经》共三十九品，品目次第与《法句经》完全相同，只是其中的《华香品》和《喻爱欲品》稍有区别，分为之一和之二两部分。吕澂先生认为是法救的作品，《中华大藏经》卷第五十二收入《法句譬喻经》并未注明是法救著，也即是该经的作者存疑。从具体经文来看，《法句譬喻经》是专门为解释法句而作的，其中编纂了许多故事作为说理的材料，目的是使人更好地理解法句所揭示的道理。"譬喻经"的形式与"四阿含"相似，即先是用散文句式叙述具体故事或事例，阐明道理，然后便引出偈颂。不过，《法句譬喻经》并非是将《法句经》中的每句偈颂都拿来加以敷衍，而只是选择其中一些比较易懂的章句加以譬喻说理，太理论化、抽象化的偈颂并不是全文照搬，然后解释。这大约是为了更加通俗易懂的缘故。以《笃信品》为例，《法句经》中的前四章共十六句偈颂就没有，中间第八章至第十五章的共二十八偈亦没有。因此，《法句譬喻经》并非是原原本本地解释《法句经》的著作，而是做了一定的删节。

《出曜经》与现在三十九品的《法句经》差距，要比《法句譬喻经》与《法句经》的大一些。首先从品目次第上来说，《出曜经》是：一、《无常品》（一、二、下）；二、《欲品》；三、《爱品》；四、《无放逸品》（上、下）；五、《放逸品》（初、二）；六、《念品》；七、《戒品》；八、《学品》；九、《诽谤品》（之余）；十、《行品》；十一、《信品》；十二、《沙门品》；十三、《经道品》（之一、之二）；十四、《利养品》（上、下）……直至第三十四《梵志品》（之一、之二），其每品的内容及名称，也不尽相同。在《大毗婆沙论》（唐玄奘译）的序文中，"邬拖南"颂的最初品与最后品的顺序倒是与《出曜经》一致。也许姚秦译本《出曜经》的品目次第及其内容，就是"邬拖南"颂的样式，因为邬拖南的意译就是出曜。现在流传的三十九品《法句经》是否又为后人增补，亦未可知。从姚秦译本《出曜经》看，它主要缺《地狱品》《仁慈品》《愚暗品》《老耄品》《爱身品》《明哲品》；而其中的《广衍品》之外又有《杂品》（一和二），这又是《法句经》所没有的品目；其中《马喻品》即是《法句经》的《象喻品》。其他各品的偈颂数目虽不一样，但整体上看，基本相同。只是有些品的偈颂特别多，有的品偈颂又很少。以《无常品》为例，在该品中，《出曜经》将分别属于《法句经》中《老耄品》第一章和其他品的偈颂亦编入《无常品》，而且有些偈颂又不是《法句经》所有的，是取之于其他佛经的。可见，《出曜经》虽以《法句经》为中心，但亦不是对《法句经》简单的敷衍，而是做了一些变动。这一方面表明当时可能有多种《法句经》文本存在，另一方面也表明譬喻师们是在根据自己对佛法精神的理解而做出了新的调整。

关于《法句经》与《大庄严经论》的关系，参见吕澂先生《印度佛学源流略讲》一书第三百一十页。吕先生认为庄严即是引用一些故实来发明《法句经》的意义，不是泛泛的喻言。依《正藏经》文本看，《大庄严经论》乃马鸣菩萨所造。从鸠摩罗什的译文来看，其中的意思并非完全是阐释《法句经》中偈颂的。第一卷虽然亦阐述了如何了生死之苦的思想，但与《无常品》的关系并不十分密切，也即是说，《大庄严经论》还可能受其他佛经影响。

根据目前所见到的汉文资料来看，《法句经》在印度佛教史上，主要是影响了部派佛教中有部的"经部"

譬喻师和议论师，对大乘佛教及其他各派的佛教影响，目前还没有找到资料，故存阙如。

《法句经》与《四十二章经》之关系

关于《法句经》与《四十二章经》的关系问题，实际上是由《牟子理惑论》与《四十二章经》关系的论争引起的。这一问题关系到佛教在中国流传及中国佛教史的面貌。究竟是先有《四十二章经》还是先有《法句经》，以及《四十二章经》是否真是印度的汉译佛经，佛学界的观点还并不一致。争论的问题尽管比较复杂，但最为根本的分歧我认为只有两个：第一，《四十二章经》的真伪问题；第二，是否有一个汉译古本《四十二章经》存在。这两个问题解决了，两经之间的关系也就清楚了。

坚持《四十二章经》为真经的学者，主要是认为襄楷上疏中引用了《四十二章经》中的"浮屠不三宿桑下""天神遗以好女"两段话，并相信"经序"中"汉明求法"的说法，从而断定《四十二章经》为汉明帝时译经。持反对意见的学者认为，见之于《四十二章经》的两句话，也有可能出于《增一阿含》百六十章，该经由安世高译出。安世高来华时间为公元一百四十七年，不久即通晓华语，而他译经最迟不迟于公元一百五十年，襄楷上疏年代为公元一百六十六年，此时《增一阿含》百六十章已译出问世。我们虽不能断定襄楷是否看过《增一阿含》，但至少可以使襄引的话语出于《四十二章经》的观点受到怀疑。

第二，究竟有没有一个汉古本《四十二章经》存在？第一派意见认为是有的，认为汉古本《四十二章经》比较质朴，文辞不甚雅顺；后来经支谦重译，变得辞句可观了。反对派的意见认为，根本不存在汉古本《四十二章经》。该经虽不与现行《法句经》相似，但却与《法句经序》中所指的葛氏七百偈《法句经》面目相似。这部葛氏七百偈《法句经》，译文非常污漫无际，且有译者随意增添的痕迹，这与现存的《四十二章经》凌乱状况极其相似。而且，《四十二章经》的风格与印度佛经严谨风格甚不相合，只能是一种"经钞"。《四十二章经》首先抄自七百偈葛氏《法句经》，后来，当秦译本《出曜经》译为汉文后，又增补重抄润色，从而形成《五十二章经》，即现在可查的《处处经》(见《附录》)。总之，《四十二章经》是《法句经》的经钞而非印度佛经。

根据我们的初步研究来看，现存《四十二章经》的确不像印度佛经。从其具体内容来看，其中有三分之二抄自《法句经》（或曰与《法句经》相重）；但从其思想来看，既非以"无常行灭"为核心组织学说，又非以"心念"为核心组织学说，与佛教精神不合。这正表明抄经者还未对佛教的教旨心领神会。尽管其中有讲人生是苦章，但很少讲灭苦及人生灭之乐的内容。从第一章讲出家到最后章鄙视五侯尊位和金玉宝贝，恰恰是中国道家类型隐士思想的表现，即使是其中的说苦章，也与庄子在《人间世》中描写的很相近。因此，我们认为这是一个精通道家思想的人抄集的佛经。是印度佛教传入中土之后，初步被中国士人尝试接受并消化的产物。

我们的结论是：《四十二章经》虽不是抄自维只难共竺将炎译的《法句经》，却是抄自法藏系统由葛氏译出的七百偈《法句经》。其最早出现年代不超过公元三百零六年，下限大约在公元三百四十年左右（采吕澂先生之说）。季羡林先生在《说"出家"》一文中曾说④，后汉时没有"出家"一词，曹魏时第一次出现，且仅在康僧铠译的《郁伽长者会》中（《大正大藏经》第十一册，页四七二下）。后秦时再一次出现，吴时"出家"根本没出现。而《四十二章经》首章即言"辞亲出家"，可见其为后秦之后的作品，那么其年代则推迟到三百八十年至四百年之际。这正如《四十二章经年代新考》（佚名）作者推论的公元三九九年相似。⑤

这些论证及证据表明,《四十二章经》非汉明帝求法时传来的第一部佛教经典，而只是中国人用自己固有的文化传统理解西来佛教而节选《法句经》的产物。同时也是《法句经》在中国佛教史产生影响的明证。它所影响的中国佛教经典有《四十二章经》和《处处经》(又名《五十二章经》)。

以上便是《法句经》在印中佛教史上承源开流的大致情况，恳盼方家赐教指正。

注释:

①《印度佛教源流略讲》第三百零九页，吕澄著，上海人民出版社，一九七九年十月第一版。

②、③《经典研究论集》第一百四十八页，《汉译〈中阿含〉属“一切有部”诸证》，作者明珠，收入张曼涛主编《现代佛教学术丛刊》91。

④《佛教与中印文化交流》,《东方文化丛书》,季羡林著，江西人民出版社，一九九〇年十二月第二次印刷。

⑤《〈四十二章经〉与〈牟子理惑论〉考辨》，收入张曼涛主编《现代佛教学术丛刊》11。

解说

作为早期佛教经典的通俗化读物《法句经》，其表面形式虽然十分单纯，仅有一些偈颂而无长篇的说理文字，但其内容却是十分丰富的，而且基本上体现了原始佛教的思想。从第一品《无常》到第三十九品《吉祥》（梵文系统）的编排体系来看，《法句经》的编纂者是从生死无常之苦入手，最后要求人们通过学习（佛法），多闻佛教，坚守戒律，开悟智慧，达到涅槃和吉祥的人生境界。这正是符合十二因缘的原始佛教的内在理路，表明编纂者是颇费心思的在进行佛教的通俗化工作。即使巴利文系统的《法句经》是以《双品》（或曰《双要品》）开头，重视"一心"的意义，但其基本思路也符合佛教精神。佛教重视智慧与禅定在解脱人生之苦过程中的重要性，巴利文系统的《法句经》编纂者可能正是从这一角度去理解原始佛教教义的,从而突出了"一心"的作用。

无论是梵文系统的还是巴利文系统的《法句经》,虽然在品目数上有十几品之差,但其中的基本概念暨思想却大致相同,一些重要的概念、思想均都出现了,如四圣谛中的"苦、集、灭、道"概念,戒、定、慧概念,心性本净思想等,在两种系统的《法句经》中都有。因此,两个系统的《法句经》在基本精神上都是一致的,可能是不同编纂者在对原始佛教思想的侧重点,暨其修证方法的序次的理解方面有差别而导致了两个系统的版本。为了现代读者认识的方便,我把《法句经》中丰富的内容按照三个方面来进行归类,以便简洁明了地把握该经典的主要思想。

第一,是破俗见,立正见,通过对现世价值体系的否定,从而树立起佛教的价值体系。

第二,是从积极方面入手,教导人们如何通过积极的方式,摆脱世俗的烦恼,进而走进佛教导给人们的生活境界。

第三,是从消极方面入手,教导人们如何避恶向善,免除生死之苦。

《法句经》的基本内容

破俗见，立正见

破俗见，立正见，是《法句经》的重要内容，也是《法句经》的基本目的。所谓破俗见，即是打破一般人对现存世界的种种看法，尤其是对这现象作出的价值判断。它的第一破，也是根本之破，便是打破世俗人们"乐生恶死"的"生死观"，提出了"生苦死乐"的观点。第一品的"此灭为乐"正是《法句经》的法眼之一。

为什么说是"生苦死乐"呢？因为有形的生命灭亡是必然趋势，这便是"兴衰之法"。生命犹陶器制品一样，终久是要毁坏的；而愚暗之人却要执着于生命的永恒，力求长寿；这样生命无常的趋势，事实与人对恒常追求的矛盾是人生痛苦的一大原因，且是集中表现之一。其次，人们只知追求长寿之乐，殊不知，即使是生命百岁，亦有衰老之时。当生命衰朽之时，百病丛生，色衰体朽，丑陋不堪，犹如少水之鱼，故尔是苦。最后，生命之苦还表现在对痛苦的无法转让、替代的独自承受的过程之中。衰老、疾病、死亡之苦的折磨，父子兄弟、妻女亲戚等皆无法让你减轻点滴，人从根本上说是彻底孤立无援的。这种种的有生之苦,谁也无法回避,也没有一个地方可以回避。人们只有进入了灭境,只有超脱生死的苦恼,才能获得永恒的安宁。这便是《法句经》的第一破。

《法句经》的第二破是破除人们不从主体方面寻找原因的"俗见"。世俗的人们总喜欢从他人身上找缺点,总是喜欢指责他人而不反省自身;总是抱怨他人对自己的不公正;事实上,怨于人者,其本身就有"怨"情存于心中;正因为自己心中有恶、有鄙,才总是盯着别人的短处,才亲近那邪恶腐臭之物。人之所以被淫泆击倒,正因为其心中已有淫泆存在。正如谚语有云:一个巴掌拍不响。人只有除去心中之恶,才能见到真正的善;只有端正自己,才能端正别人对自己的看法。就如盖房子一样,自家屋顶严密,则天下大雨不漏;如果自家屋顶不严,则天雨必漏,岂能完全责怪老天呢?因此,破除世俗中"怨天尤人"之见识,要求人们从主体"心意"的端正善良出发,是《法句经》第二破的主要内容,这在《双要品》中得到了较集中的体现。

《法句经》的第三破是世俗人的恩爱之情,一般的人们,多为爱欲所牵,不能自拔。《法句经》则要人们看破恩爱,并把恩爱看作是盛生祸害苦恼的根源;因为恩爱,人生到处节外生枝;因为恩爱,人间才有离别忧愁，悲欢离合。恩爱，简直犹如牢笼地狱，在这里，人们被紧紧地捆缚禁锢着，难以挣脱。因此，《法句经》一再要人们挣脱爱的束缚，勿为恩爱之意所染，把恩爱看作是苦难的根源，走出爱意之深渊，从而获得无量之福。

《法句经》在第三破的基础上，进一步地破除对家居生活方式的贪恋。在《法句经》看来，人生自我都不是真实的，随着时间的昼夜流逝，生命也将一去不复返，人们为什么还要对妻子儿女如此执着恋眷呢？手中的财产又有什么值得留恋的呢？当人面对死亡、衰老、疾病之时，没有任何亲人可以依靠，所有的财宝亦携带不走。因此，人们应该及时地捐弃家居生活，这样既无家庭爱意缠绕，亦无家庭逝去的种种畏惧。这种对人间男女、亲子、血缘等伦常感情的破解，是在对生命执着等破解之后进一层的否定了世俗的日常生活价值，从而为它树立正见做好最充分地铺垫。

《法句经》树立的正见主要有三点：第一正见便是确立了"心为法本"的观念。在《双要品》中集中地谈了心的作用。"心"是最尊贵的，最具有主动性的。"心"驱使一切。心中所想是恶，则言语、行为就会表现出恶；心中所想是善，则言语、行为亦将是善。但心（意）犹如苍狗白云，瞬息变化，难以捉摸，来来往往，了无边界，极易放纵逸荡，放僻淫佚；因此，要"制心""护意"，切勿随顺放心。制心护意便要定慧两种法宝。只有当心意达到了"定慧"境界，就可以战胜种种邪魔之力，就可以从根本上消除人生的祸根。

　　正见之二便是"定慧双修"，又作"止观双修"，以定发慧，以慧护定。而慧对于人生来说，其解脱的意义更为积极。慧是人生法宝之一，人若有慧，便可以护戒（见第五品）；慧也是人生的七种财富之一，拥有人生智慧便无论男女，终身不贫；人只有拥有了"慧"才可以达到超脱的彼岸（第四品《笃信》）；如果说戒可以使人定，则慧可以使人解（第五品《戒慎》）。那么什么才是慧呢？正等正智即是慧，对人生价值意义的彻底觉解，悟到生命本无常，从而不执着俗谛中的万有，自我修行超度便是"慧"。人要达到自我救赎的目的，必须要"使意为慧"（第十四品《明哲》）。人们也只有洞见了所有善恶之行的必然结局之后，才能心存畏忌，有所为而有所不为，才能不犯众恶，不违众善，到老吉庆无忧。

　　"慧"在人生解脱的路径虽然如此重要，但"慧"又不是凭空产生和生发出来的，它只有在禅定之后，心志澄明之时才能生发。坚决持守戒德，保持禅定心志，做到心志澄明，才能"得成真见"，获得智慧。因此，定慧双修，是《法句经》树立的第二个正见。

《法句经》为世俗众人树立的第三个正见便是人生努力目标,即沙门(出家为僧徒)、涅槃(超度尘世苦难)和吉祥人生。这三个不同形式的目标实质上都是一样的,即获得出世的解脱,逃离尘世诸苦。由于人生无常,且为爱欲有等所缠所累,故尔是苦;唯有出家,才可以解脱诸苦。人为意欲所牵,无所适从,心志躁乱,多有烦忧,故易堕入轮回或地狱之中,不断地承受尘世苦难,因而去贪除爱,心志沉静,晓了生命的本质是独立无倚,这样便可脱尽尘世的一切牵挂而进入涅槃境界。

对于"吉祥"的人生目标,《法句经》虽然说得特别分散而难以核要其义,但这正是它广开方便之门的突出表现。所有违背世俗价值取向而能顺从佛之教导的行为都是最最吉祥。它甚至在第十九章中颇为违背佛教宗旨的说道:"居孝事父母。"意思是说若居住在家孝顺父母亦是吉祥。这似乎为佛教在后来的中国化过程中与儒教合流奠定了基础。(当然,《吉祥品》是完全出之于原始佛教偈颂,不能完全断定。)

揽妙法,进大道

《法句经》在破除俗见、树立正见之际,同时从正反两个方面告诉人们如何破除俗见,进入大道。其正面的，或曰积极的方法便是多闻、广学、诵一、推慈、笃信、惟念、逊言顺辞、爱身等妙法，从而进入大道境界。

多闻、广学属于增智益慧的方法。多闻不是随意地听取各种邪说，而是多闻佛法经律及甘露之道。通过对佛法经律的广泛聆听，破解人生的种种迷惑，辨别世间的种种悍霸，从而获得观照人间的慧眼。多闻的好处还有：第一能加强对戒律坚持的能力；第二能使心智开明；第三能除却人间的烦恼。总之，多闻可以使人们"积闻成圣智"。

广学亦是开阔眼界。可以从自然界中的某些昆虫及软体动物的藏处方式中获得某种启示，如蝓螺蚌蠹等软体动物及昆虫，它们由于不明长寐，自隐于不净之处而自以为得意，却不知由于内心的被扰乱而产生病痛，遭到众生常常易遭遇的灾难，或被捉，或被烧。人应该亲近贤人，学习正智，学习大道，管束身心行，护守戒德，悟解佛法之精义，从而在学习过程中逐步获得超度。

诵一也是学习的方法之一，这是更具体地告诉人们如何学习。诵一即是有选择的学，不能泛滥无边，而应该选择"一要""一义"和"一句"。从这"一要""一义""一句"之中熄灭诸念，超度世俗，获得大道精髓。

无论是多闻、博学、诵一，这都是向外寻求，获得智慧之妙法；《法句经》还要人们在内在品德、心性修养方面下功夫，即重视人的内在体验，培养慈爱之心和诚实的品德。这可以看作是向内寻求的妙法。在这一向内寻求的妙法中，推慈是其中重要一法。如《刀杖品》告诉人们，要善于推己及人及物；一切生命之物皆恐惧死亡，畏惧刀杖加身后的疼痛；这种认识可以从自我的感受中推知。由此，我们每个人应该推广慈爱众生、悲悯众生之心，避免行使刀杖，避免杀戮生灵。如果人能做到不杀生，不杖害众生，博爱天下众生，则所到之处无所忧患，其本人亦可成为沙门辈中的有道之人。

从推慈的积极方法出发，《法句经》又提出了爱身的方法。这与道家，尤其道教的"长生久视"的爱身观稍有不同，但亦是善待生命的思想合理延伸。爱身的方法之一便是节制欲望，慎守戒律，使生命健康，心里安宁，生活幸福。

笃信是要人们从内心里对佛教佛法保持虔诚恭敬，做到持之以恒地布施好善，不凭一时的感情冲动去布施、去行善。要把布施行善看作人生获取幸福的重要手段和内在固有的最高行为准则；布施了可见的钱财，却获得了更大的"德财"，有些"德财"，不管你是男是女，皆可以终身富有不贫。因为你内心世界拥有的慈爱品德就是人生最大的精神财富，这笔巨大的精神财富随时都有回报的可能。

惟念是要人们在内心中常常以佛、法、僧三宝为念，常常认识到生命无常，勿要贪恋；常常以持戒、布施等法相为念，这样便可以进入涅槃境界。

言逊辞顺是要求人们在净化心念的基础上出言和顺柔软，尊敬他人。言语如甘露，疾怨自灭，自己无患。这种言逊辞顺并非口蜜腹剑，而是至诚在其中，符合佛法，符合真谛，符合道义。使内心和善与外在甘露言辞统一起来，做到表里如一。

避邪恶，免轮回

《法句经》在从正面教授人们进入大道之方法的同时，也教导人们如何从消极的方面去避免一些事情，从而在回避的过程中，在克制的过程中获得正面的人生效应。这种避免的核心方法便是持戒，即坚决地有所不为，拒斥一些切不可为之事。然后在此根本方法的指导下，如何地防贪、避免嗔恚痴，离开污垢的尘世；与人相处，勿要粗言恶语；面对众生，勿要杖杀，以免引起争斗，堕入地狱。

持戒的根本在于"降心"，在于"守意"，使"心意"勿要恣肆放纵，从内心剔除诸恶之念、克伐之念。除此之外，生活方面勿要饮酒狎妓逸乐；与人相交，勿要轻率结友；在没有贤善之友之时，宁可独处行善。

从观的方面看，愚暗是人生应该避免的认识状态。愚暗是使人产生苦怨的种子，既虑子财，又快心作恶；不知布施，却又广求；但好美食，不知节制；徒增懒惰散漫，以致招来罪祸。因此，避免与愚暗为伍，是人生在智慧方面应努力的方向之一。

从人生趋向及其目标来看，免堕地狱之苦，是人生最大的方向性抉择。如要避免遭受地狱之苦，就勿要胡乱言语，勿要毁谤别人，勿要言而无信，勿要做伪证、求贿赂；总之，诸恶莫作，可避地狱之苦。对于出家之人来说，他不仅要避免以上众人所为之外，还应避免无戒受供养之行；若是没有戒德，却受他人供养，则其罪十倍，死后生吞炽热的铁丸。

总之，凡佛教所否定的世俗所为所行所念所处，都是应该避免的，只有这样才能免堕生死之轮回而进入涅槃（或吉祥）之境界。

《法句经》的现代意义

当今世界是科学技术价值，工具理性价值至上的时代。在这种主导价值取向支配下，人的确创造了比以往更加丰富多彩的物质与精神文明。但由于整个社会物质化的商品丰富化，人们被外在于心灵的物态消费所吸引，使人们往往在获得自己曾经孜孜以求的东西之后，又立即产生新的不满足，从而使人的内在精神和心灵往往处于疲惫的奔驰之中。而随着社会交通、通讯设备的进步，社会交往频率增大，交往的范围扩大，人们经常处在一种与陌生人的相处氛围之中，缺乏深度认识和足够的亲近、信赖，孤独时常像梦魇一般纠缠着人的灵魂。特别是欧洲工业文明所带来的泛欧化的"个体主义"思潮的影响，突出地强调了个人的权利及其生存空间的意义，相对地忽视了社会协调和个人与个人之间相互忍让，增加了社会冲突的机会，加剧了冲突的程度；人对自然控制能力的增强，使人表面上获得了众多好处，但却使人与自然生态之间的关系紧张起来。面对现代社会的种种问题，《法句经》中所提出的某些方法，虽然不能从根本上解决这些问题，但它至少可以提供一条更加开阔的解决问题思路。如向死而生，约束生命，勿为欲望所制；自我拯救，宁独而勿向外滥求；笃信守一，不为其他诱惑所动；积善修福，勿要向社会过多地索取，而应多作奉献；推己及人，慈爱众生。这些思想虽然仅是从个人角度去解决社会问题，很难起到广泛的直接效应，但却也是改善社会及人类生存环境众多方法之一。设若社会群体中的绝大多数成员皆有较高的生活智慧，知晓人生的真正的价值意义，管束自己做应该做的事情，不做那些损人利己的事情，则社会问题也就少了不少。我们认为，《法句经》中的某些偈颂作为现代人的自我教育、通俗的格言以及自我心理咨询的无言老师，无疑是十分恰当并能胜任的。

向死而生，约束生命，追求健康、幸福

尽管现代科学知识一再地揭示了生命必然灭亡的道理，而且也在利用各种手段防止疾病侵扰，维护人的身体健康，增进人类生活的幸福。但科学并没有，也不可能穷尽人的生命的整体意义。它虽揭示了死亡的必然性，却并未透彻地精细阐述人如何面对死亡；它虽然在相当大的程度上减轻了人类的肉体痛苦，却对人的精神与心灵痛苦无能为力。科学对死亡做出了事实判断，但对死亡的价值判断却留给了哲学与宗教。作为佛教的早期通俗经典《法句经》，也正是以其对死亡的价值判断而获得了其现代性的意义。

在《法句经》的第一品就首言生死问题。它将生命的死亡现象称之为"兴衰法"，而给出的价值判断是"此灭为乐"。相对于永恒的存在来说，人的生命存在可谓是朝菌蟪蛄、夫生辄死之辈。别看眼前社会是如此

繁华，多姿多彩，但这些东西都会转眼即逝的；亲人朋友常相聚会，但离别之苦即在眼前；正当少年意气奋发之时，转眼之间老病即至；而当你生命面临死亡，承受疾病之时，外在所有的一切对你来说都失去了意义，亲人朋友没有任何人可以分担你的痛苦；原来的热闹与繁华皆是假相，原来的亲人朋友并不能分担你的孤独。在这个世界上，并没有什么可以让你牵挂的，并没有什么东西真正属于你的；就连生命本身也是这样，它本是被"老与死"这位牧人放牧的牛羊，一步步向着死亡的屠宰场走去。离开人世，走向死亡，实质上是走向解脱，就像涸辙之鱼走向大海，怎么不是一件快乐之事呢？因此，向死而生，其实质并不完全是一般人认为的厌世主义观点，而是给生命的归宿提供一个乐观的积极去向，从而对昼夜流逝的生命事实存在做出积极判断，而无须担忧死亡的来临。

向死而生，人们才能真正地体味出生命的自足，生命的高贵与尊严。人可以没有很多的财宝，可以没有很高的地位，甚至可以没有亲人朋友而坦然安然独处善道，生活下去。因为人的存在本质在死亡之时凸显出其"独自"性。这种"独自"性正是其自足性、完美性的集中体现。人不必在名利场上尽情驰骋，为获得而狂喜，为失去而深忧；只要把世情的得失与生命的自足，与死亡的伟大相比较,就会明白孰轻孰重,就会恬淡地面对世间的荣辱毁誉。人无须贪于摄取,痴于爱有,嗔于所侮;没有疾病的折磨,心灵平静不扰即是快乐;现实的富贵荣华,煊赫声势,在死亡降临时都将化为乌有。因此,人在活着时,真正要关注的不是一味地驰骋名利,而是应该善待生命,以愉快宁静的心灵迎接死亡的来临。

向死而生,实际上要人们看重生命存在的意义而非徒有生命的躯壳。现代科技发达,各种保健品层出不穷,确使人类的寿命平均延长了不少。但人如若不知生命的价值意义究竟为何,则虽有百岁之寿,犹如祭祀上帝的公牛,徒生膘肥,最终送给死亡屠宰。那么,面对死亡的必然结局,生命的价值意义究竟何在呢?首先在于他拥有布施持戒之德。布施可使他人受惠;持戒既可使自己获得安定心意,亦可以在有所不为的选择之中,使他人获得某种道德的启示,从而随顺戒德,趋向善道。这便是《法句经》在第十二品——《华香》中所言,栴檀之木多香,青莲之花芳香,但都不如持戒之德更香。这种德香使人可以转向善道。其次在于他能以抽象的意义——道为终极追求目标,超越具体的感性欲望束缚,超越个人的一己所求,为苍生众物寻求安宁处所,把利身利他结合起来。只有这样,个人的健康、长寿才获得了生的意义。若能明白生命的这层意义，虽生一日，犹胜百岁，正如中国的孔圣人所言：朝晨闻道，傍晚可死。对生命的高质量追求，胜过对生命存在形式的追求。当人把生命的意义追求放在首位，他就会超越生死的窘迫，而一心一意地从事自己所选定的事业，就不会感到人生路途的漫长，就不会恐惧生命时间的短促。这便是获得了吉祥，这便是进入了"涅槃"。

因此，向死而生，实质上是约束生命在应该有为的事业之上而勿生枝蔓，它不仅追求身躯的生理健康，而更注意追求精神的健康。这种精神的健康便在于目标专一，心意集中，在对专一目标的关注过程中，忘却老死之忧，避开老死之忧。

慎独守戒、自我救赎

在一个交往十分频繁的现代社会，提出慎独守戒的现实意义似乎是令人怀疑的。实则不然，无论是从个人的职业技能的形成，还是从个人的道德修养的提高来看，慎独守戒更具有前所未有的意义。行业分工的精细化需要有精湛技术、专门技术之人，这种人才的培养正是在选定方向之后"慎独守戒"，才能培养出来。如果东瞧瞧、西看看，朝三暮四，被层出不穷的新职业行业所迷惑，那将是一事无成。从个人道德修养的培育来看，现代社会极容易把人牵引进一个没有个性化的流行文化品格之中，十分忽略对个人内在独处品格的培育。最不能忍耐寂寞的是现代人，最容易从众的是现代人，就连学术亦不例外。这极易使人类丧失意义的确定感而导致人类价值系统的彻底崩溃。因此，慎独守戒虽是一种个人品德修养问题，实际上关系到整个人类价值系统的成毁与否。能够导引人类价值取向儿百年乃至上千年的思维成果，无一不是在"慎独守戒"的品德支撑下而获得的。

当然，"慎独守戒"决不等于自我封闭、孤陋寡闻，它只是要求人们慎与人处，勿要滥交浊友，动摇心志。因为人际交往如染，染于香则香，染于臭则臭；而如今社会交往频率特大，有些避之若不及，甚至处于被动交往之中，在这种生存环境相对污浊的情况下，慎独守戒不是更显得重要吗？在《法句经》中，慎独守戒并不排斥择善友贤，它只是用一种消极的方式而达致积极效果的道德培育行为，在我们当今社会仍有它的现实意义。

人所共知，现代社会自启蒙运动以来，个人的权利和社会的理性以公开合法化的文化形式，为世人所接受、所承认、所推崇。因此，个人的社会活动空间空前扩大，理性几乎是无所不在。而这种理性的实质正是整个社会的功利心态所导引出的效率观念及其活动方式，社会因为被理性分割而整体上呈现出一种非理性的特征。这样，具有相当权利和较大自由的个人在社会生活中，更加前所未有的感到了飘浮无根的荒谬与失落。上帝既然已经死了，那么救赎人类的唯一希望便落在人类自己的身上。因此，《法句经》所倡导的自我救赎思想、自我超度的思想，正能切合现代人的要求。西欧的存在主义大师之一——萨特，不也是在倡导人自己对自己的行为负责吗？事实上，人和人类到了今天这个时代，也只能是自己救赎自己了。当你享有了自己管束自己的权利，根据自己的爱好选择生存方式，可以离开父母；可以与上司顶撞、争吵，然后离去，另谋他职；可以在家不和睦时享有离婚的权利。但这些因权利而享有的自由却也伴随着孤独无依；而这种孤独无依似乎是不应该存有的，它仿佛是人类的过错带来的人间过失。这便是以往诸多文化所带给现代人的最糟糕的根深蒂固的意识。而实际上，佛教通过对死亡现象解悟而得出的生命本孤独的认识，早已揭示了人生的重要奥秘，而且提出了"自我救赎"的主张，这不能不说是现代人的一大福音，而且也是《法句经》的重要现代意义之一。

"自我救赎"，就是要通过对生命意义的证悟，获得人生的大智慧，从而超度人生的各种烦恼。自我救赎，就是要通过调理心意，使自己能对许多个人无法一时改变的社会现象采取"忍"的态度，从合理性的角度去理解诸如"广告大战"令人生厌的现象。自我救赎就是通过对人生意义的彻悟之后，勇敢地承担起自己所处角色的义务与道义。当你身为人父人夫，就应去慈爱他人，牺牲自己；当你身为人子，就应该去尽孝事亲；余者类推。当你选择了牧师、僧尼、人师的工作时，你就应该承担起所该负有的社会义务；而且要像《法句经》告诫比丘（尼）勿要无戒受供养一样，所有职业上的从业人员亦应有无功不受禄的道德主体的觉解。这样，我们的社会就会少一些怨恨，少一些争斗而多一些和顺安宁。

积善修福，勿要多取

《法句经》十分强调人在世上积善修福的重要性，反对贪婪多取。它认为一切善果与福分，不是靠主体凭借强力夺取的，而是靠主体长期的修炼而自然获得的。这种"自然福报"的思想对于当今社会功利心特别强烈的人们来说，无疑是一剂泻毒剂。现代社会人们特别急于求成，因而盗窃他人成果以为己有的行为在各行各业都频繁发生，"假冒"这一现代社会普遍现象正是在功利心驱使下的一种必然疾病，人们已经缺乏积小成大的耐心了，恨不得把社会上所有好的东西都占为己有。浮躁蔓延于整个社会的各阶层之中。提倡"积善修福"的渐进获取的人生享有思想观念，在当今社会仍然有现实意义。人们应当为社会做出更多的贡献而后再求回报，不应在没有贡献时而妄想占有非分的美好。假若整个人类从开初就是索取大于贡献，则人类就是一片荒芜。因此，《法句经》规劝世人"勿要多取"的箴言仍有现代意义。

《法句经》认为：积善修福是件自利利人且又于己无损的行为，它可以导致双向得利。这种"互利""双向有利"的思想，对于当今新型的商业行为模型和国际交往方式亦有启发。不要把利人就看作是损己，利人与利己是可以统一的。我们在给别人好处时，实际上别人也会以另一种方式，在另一种场合回报你。尤其是在现代的商业活动中，不必把竞争对手看作是仇敌；现代公共关系学便透彻地阐明了这种互惠互利的关系。当今的国际政治关系、经济关系亦应贯彻这种利己利人的互利思想，把个人的道德修养方式、处世的原则放大到人类的交往之中。

《法句经》还特别强调，积善修福的道德行为，从主观动机来说不应希望得到回报，尤其不能想得到立即回报，也即是说十分强调道德动机的纯粹性和善之本体上的必然律令特征。这既是千百年来人类道德哲学的基本思想，亦是近现代道德哲学自康德以来所一再推崇的思想。这可以说是一个亘古弥新的思想，也是《法句经》的时代意义之一。

慈悲众生，善推万物

现代社会太注重自己个人的权利与利益，精于计算一己之得失；人类太重视自己的享乐与自由，忘却了自身所依托的自然界及其中的众多生灵。因此，人类之间冲突愈演愈烈，而人的自然生态环境亦日趋恶劣。改变这一不利的生存状态，其途径固然很多，但《法句经》所揭示的"推慈"方法，亦不失为一种有效的方法，它使人能从每个个体的生命存在的感受层次上，获得切身慈爱众生的感知而非被灌输的理性认知，使人们更能知觉自愿地践行具有理性特征的各种环境保护法。

由于近代民族国家的兴起，各国皆为自己的利益精打细算，导致世界范围内的经济竞争和军事竞赛，世界战争的潜在危机仍然存在。这种冲突的现实表现便是欧洲和西亚局部地区的战火此伏彼起，使得大量的无辜生灵遭受灾难。战争的血与火冲突实际上是人心自私自利放大的表现，而且也是没有慈爱之心的表现。当人对待万物不尊重其具有灵性的存在，不像爱护自身一样爱护万物，也就必然地难以慈爱人类。暴殄天物之心就会培育残害同类之意。人类在今天比以往任何时候更需要爱。最近一段时间里，著名社会学家费孝通先生曾说，人类需要孔子，需要孔子的仁爱精神。我说当今社会更需要的是佛陀精神，需要佛的慈悲万物、博爱众生的精神。这亦是《法句经》在今日所具有的教化意义。

除了以上几个方面以外，《法句经》的现代意义还可以从多角度去阐述。比如说，它突出强调"正意"的重要性，把"我心有怨"之"怨"发掘出来，认为主体对客体的"怨"与主体自我意识中的"怨"具有对应关系。若我心无怨，何尝又去对别人怨恨恼怒呢？因此，在调适现代人际冲突时，提供了更为广阔的思路。我们对客观生存环境不满，除了客观环境本身存在诸种缺陷之外，还与主体心念中先验虚设的过高期望有关。我们不仅要改造客观环境，同时亦要端正我们心中意念，从而更好地使人与现实的环境统一起来，减少心中烦恼。

最后，《法句经》这种通俗的思想、品德以及人性修养教科书的形式，值得现代人，尤其是那些从事于挽救世风的学人注意。这部早期佛教经典的启蒙读物，以通俗、易读、易记、易懂的偈颂形式，宣演深奥博大的佛教精义，劝谕世人，把数量庞大的阿含经及十二部经浓缩简化,成为习学佛教不可逾越的破蒙读品。我们今天就十分缺乏这种浓缩中西哲学、宗教精神的通俗读物,也缺乏浓缩中西科学、文化精神的通俗读物。这究竟是现代社会缺乏法救式的文化大德人物,还是现代人不屑于这种高雅哲学、宗教、文化的通俗化工作呢?我个人认为这可能是当今社会分工太精细的过失。学术与文化研究学科化、学院化、专门化,使它们一步一步地远离了人生。一些文学家、小说家出于商业利润需要炮制出的"流俗文化"更使人心浊浪翻滚。我们的学术文化研究与创作,似乎亦可以朝通俗化靠近一些,朝教化人生的方向靠近一点。这大约亦可以说是《法句经》所展示的现代意义吧!

附录

法句经序

昙钵偈者,众经之要义。昙之言法,钵者句也。而《法句经》别有数部,有九百偈或七百偈,及五百偈。偈者,经语,犹诗颂也。是佛见事而作,非一时言,各有本末,布在诸经。佛一切智,厥性大仁,愍伤天下,出兴于世,开埩道义,所以,解人。凡十二部经,总括其要,别为数部,四部阿含。佛去世后,阿难所传,卷无大小,皆称闻如是,处佛所在,究畅其说。是后,五部沙门各自钞众经中四句、六句之偈,比次其义,条别为品;于十二部经,靡不斟酌,无所适名,故曰法句。

夫诸经为法言,法句者,犹法言也。近世葛氏传七百偈,偈义致深,译人出之,颇使其浑。惟佛难值,其法难闻，又诸佛兴，皆在天竺。天竺言语，与汉异音，云其书为天书，语为天语。名物不同，传实不易。唯昔蓝调安侯世高、都尉佛调，释梵为汉，实得其体，斯已难继。后之传者，虽不能审，犹尚贵其实，粗得大趣。始者，维只难出自天竺，以黄武三年，来适武昌，仆从受此五百偈本，请其同道竺将炎为译。将炎虽善天竺语，未备晓汉。其所传言，或得梵语，或以义出，音近于质直。仆初嫌其为词不雅，维只难曰："佛言'依其义，不用饰；取其法，不以严'，其传经者，令易晓，勿失厥义，是则为善。"座中咸曰："老氏称'美言不信，信言不美'，仲尼亦云'书不尽言，言不尽意'，明圣人意深邃无极。"今传梵义，实宜径达，是以自偈受译人口，因顺本旨，不加文饰。译所不解，即阙不传，故有脱失，多不出者。然此虽词朴而旨深，文约而义博。事均众经，章有本故，句有义说。其在天竺，始进业者不学法句，谓之越序。此乃始进者之鸿渐，深入者之奥藏也。可以启蒙辩惑，诱人自立，学之功微，而所包者广，实可谓妙要也哉！昔传此时，有所不出，会将炎来，更从谘问，受此偈等，复得十三品，并校往古，有所增定。第其品目，合为一部三十九篇，大凡偈七百五十二章，都凡一万四千五百八十字。庶有补益，共广闻焉。

参考书目

1.《印度佛学源流略讲》 吕澂 上海人民出版社 一九七九年十月第一版

2.《中国佛学源流略讲》 吕澂 中华书局出版 一九七九年八月第一版

3.《汉魏两晋南北朝佛教史》（上、下册） 汤用彤 中华书局出版 一九八三年三月第一版

4.《佛教与中印文化交流》 季羡林 一九九〇年十二月第二次印刷 见《东方文化丛书》 季羡林、周一良、庞朴主编

5.《〈四十二章经〉与〈牟子理惑论〉考辨》 见《现代佛教学术丛刊》第十一辑 张曼涛主编 大乘文化出版社 一九七一年六月初版

6.《佛教经典研究论集》（同上）。

7.《世界范围内的反现代化思潮——论文化守成主义》［美］艾恺（Guy S. Alitto） 贵州人民出版社一九九一年四月第一版

8.《哲学与自然之镜》［美］理查·罗蒂（Richard Rorty） 李幼蒸译 生活、读书、新知三联书店出版一九八七年十二月第一版

9.《佛教经籍选编》 任继愈选编、李富华校注 中国社会科学出版社出版 一九八五年十一月第一版

10.《中华大藏经》（汉文部分）第五十二册 《中华大藏经》编辑局编 中华书局出版 一九九二年八月第一版

11.影印宋碛砂本《法句经》 一九三四年九月上海影印

12.《正藏经》第二十一册、第二十二册、第二十三册、第二十四册、第二十五册、第二十六册、第四十册、第四十九册、第五十册 藏经书院版 新文丰出版公司发行

出版后记

星云大师说:"我童年出家的栖霞寺里面,有一座庄严的藏经楼,楼上收藏佛经,楼下是法堂,平常如同圣地一般,戒备森严,不准亲近一步。后来好不容易有机缘进到藏经楼,见到那些经书,大都是木刻本,既没有分段也没有标点,有如天书,当然我是看不懂的。"大师忧心《大藏经》卷帙浩繁,又藏于深山宝刹,平常百姓只能望藏兴叹;藏海无边,文辞古朴,亦让人望文却步。在大师倡导主持下,集合两岸近百位学者,经五年之努力,终于编修了这部多层次、多角度、全面反映佛教文化的白话精华大藏经——《中国佛教经典宝藏》,将佛教深睿的奥义妙法通俗地再现今世,为现代人提供学佛求法的方便途径。

完整地引进《中国佛教经典宝藏》是我们的夙愿,

三年来，我们组织了简体字版的编审委员会，编订了详细精当的《编辑手册》，吸收了近二十年来佛学研究的新成果，对整套丛书重新编审编校。需要说明的是此次出版将丛书名更改为《中国佛学经典宝藏》。

佛曰：一旦起心动念，也就有了因果。三年的不懈努力，终于功德圆满。一百三十二册，精校精勘，美轮美奂。翰墨书香，融入经藏智慧；典雅庄严，裹沁着玄妙法门。我们相信，大师与经藏的智慧一定能普应于世，济助众生。

东方出版社